現代日韓60年史

——朝鮮　体制を終戦・平和へ

純一

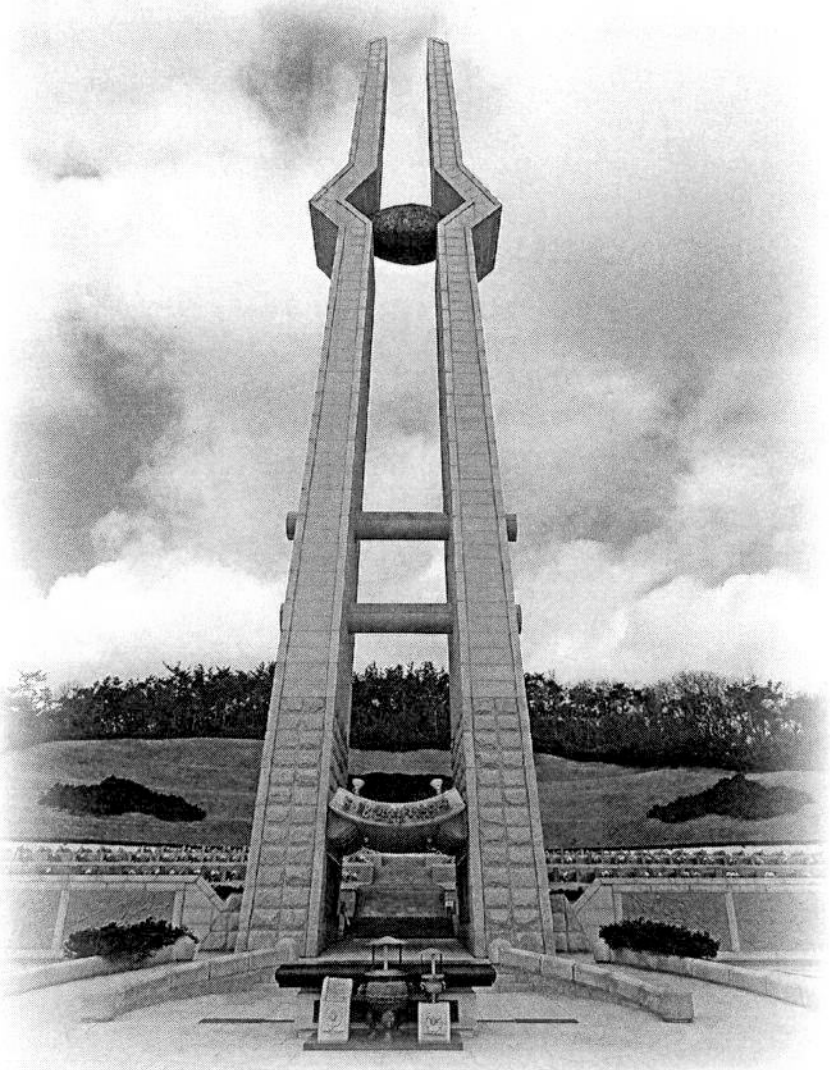

アジェンダ・プロジェクト

中表紙の写真　　5・18 民主抗争追慕塔（韓国・光州市）

はじめに

敗戦から七八年になる今日、この戦後日本の歴史について学校で学んだ経験のある日本人が、一体何人いるだろうか。ましてや、朝鮮戦争から七〇年を超える隣国コリア南北との関係を学校で学んだ人がいるだろうか。また、そうした歴史教育の現実を告発する教育者、とりわけ歴史教育に関わる学者や研究者が、一体何人いただろうか。本来の歴史教育とは、現代社会が成り立つに至った歴史的な過程を学ぶことで、縦軸としての歴史認識、横軸としての国際認識を養う機会を提供する。そのためには日本史と世界史、特に近・現代史の学習が重要である。だが現実には、歴史教育の意義は忘れ去られ、近・現代史を学校で学ぶ機会はほとんどない。ここに、現代日本の様々な問題を生みだす社会的背景があるのではないか。このままいけば社会全体も各個人も、生きる上で必要な座標軸をもたないまま、「破滅」に向かって漂流していくだろう。

省みれば、戦後の日本社会は隣国コリアの人々をパートナーとして認めることなく、旧来の差別意識に基づいて冷遇する体制を堅持してきた（端的な例が、非白人を差別する出入国管理行政）。その社会では、本書の前史Ⅰ・Ⅱで簡略に記述したような近代日本の「植民地支配の歴史」と、現代日本への移行期に起きた朝鮮戦争がもたらした現実には触れない。強いて言えば、この二つの歴史的事実を避けて通る「美しい国の歴史」を教えてきた。

こうした現実を直視し、本書では「植民地支配の歴史」を異なる立場から共有する隣国・韓国の「六〇年史」を並記し、時期区分は日本中心ながらも国際情勢の変化にも留意した。その結果、ソ連邦の崩壊により米ソ冷戦体制が解体した一九九一年を節目にして、その前後を二分した。その上で、前半部である米ソ冷戦体制下の約三〇年を第Ⅰ部として五つの時期に細分し、後半部である冷戦体制解体後の約三〇年を第Ⅱ部として七つの時期に細分した。さらに、それを合わせた「現代日韓六〇年史」の基軸として、朝鮮停戦協定後に形成された「朝鮮停戦体制」という概念を新たに導入した。これは、前半期には南北分断体制と米ソ冷戦体制に挟まれた中間層をなしたが、後半期には米ソ冷戦体制に代わって南北分断体制を補強する役割を担った。そして、この変化に対応して主要な役割を担った勢力を日本では安倍・改憲派、韓国では従米・分断派と命名した（本書第Ⅱ部の概観を参照）。これら三つの用語は、第Ⅱ部と直結している現状を理解し、今後を展望するために有効な本書のキーワードである。なお、本文中では一回も使っていないが、もう一つのキーワードが「第二の戦後を準備する」である。つまり、準戦時体制としての「朝鮮停戦体制」を終戦・平和へと向かわせる準備作業を意味し、それを意識しながら本書を編集した。

ところで、昨年二月ロシアの侵攻で始まったウクライナ戦争は、第二次世界大戦後の歴史を揺るがす転換点と予感されている。今後停戦までどのくらいの歳月が必要か、そして終戦・平和体制の構築までどのくらいの歳月がかかるのか、今は見通しが立たない。振り返れば、朝鮮戦争は約三年後に停戦協定が締結されたが、それから七〇年後の今も「朝鮮停戦体制」が続いており、終戦・平和への道筋が見えない。それでも、約一〇年後のキューバ危機を前後して米ソ冷戦体制が安定化し、約二〇年後にはニクソン大統領の訪中で米中関係も緊張緩和に向かった。こうして平和共存の流れが強まり、経済のグローバル化は対立・競争と共存・協力の両側面をない交ぜにして米ソ冷戦体制を解体させた。その前後の九〇年代初めからの三〇年間で、唯一の超大国でも陰りが見える米国と急成長の限界が見え始めた中国、この両大国間にある日韓両国（そして朝鮮）にどのような活路があるのか。気候危機と核戦争の脅威を背景に、全世界あるいは人類全体が対立・競争を基調にした経済成長が限界に近づいている今日、共存・協力を基調にした持続可能な経済が求められている。否、それなしには遠くない将来に人類の滅亡が訪れるに違いない。

そう思えば、日韓両国と朝鮮を含む東アジアの将来は、七〇年続いた「朝鮮停戦体制」をできるだけ早く、できるだけ穏便に、終戦・平和体制へと向かわせる以外に道はない。また、そうすることでウクライナとロシアの関係にも、新たな展望が開かれると信じたい。ともあれ、そうした志向を基本にすえ、「実事求是」の姿勢に基づいて『現代日韓60年史』を編集した。日本現代史を中心とするが、韓国現代史にも目配りしながら、「植民地支配の歴史」を直視して「朝鮮停戦体制」の現状を克服してきた過程を考察した。ただ、その過程で最も遺憾な点は、日本と朝鮮との間では国交がないためにその現状を正確に把握できず、分断体制下の一方の当事者である韓国との関係のみに限定せざるを得なかった。この限界を克服するためにも、「朝鮮停戦体制を終戦・平和へ」というサブタイトルを、本書刊行の趣旨として重ねて強調したいと思う。

目次

〔第Ⅱ部〕米ソ冷戦体制解体後の日本と韓国　71

【凡例】

1．各章は「国際情勢」「日本の動向」「韓国の動向」で構成されるが、＊印の部分はコラムに該当するもので私見を交えた。

2．本書では、基本的に朝鮮民主主義人民共和国を「朝鮮」と略した。

3．韓国の大統領はじめ主な人物の読み仮名は以下の通り。本文では概ね略した。

李承晩（イ・スンマン）
崔圭夏（チェ・ギュハ）
盧泰愚（ノ・テウ）
金大中（キム・デジュン）
李明博（イ・ミョンバク）
文在寅（ムン・ジェイン）

朴正熙（パク・チョンヒ）
全斗煥（チョン・ドゥファン）
金泳三（キム・ヨンサム）
盧武鉉（ノ・ムヒョン）
朴槿恵（パク・クネ）
尹錫悦（ユン・ソンニョル）

金芝河（キム・ジハ）
金鍾泌（キム・ジョンピル）
金学順（キム・ハクスン）
金亨律（キム・ヒョンニュル）
李韓烈（イ・ハンニョル）
朴鍾哲（パク・ジョンチョル）

全泰壹（チョン・テイル）
鄭周永（チョン・ジュヨン）
鄭夢準（チョン・モンジュン）
趙英来(チョ・ヨンネ）
曺国（チョ・グッ）
朴元淳（パク・ウォンスン）

金日成（キム・イルソン）
金正日（キム・ジョンイル）
金正恩（キム・ジョンウン）

前史

【前史Ⅰ】　近代日本と朝鮮・東アジア

【前史Ⅱ】　現代日韓関係への移行過程

1876 年	江華島条約（日朝修好条規）
84 年	甲申事変　85 年 脱亜論
94〜95 年	東学農民戦争と日清戦争・下関条約
1904〜05 年	日露戦争とポーツマス条約
10 年	韓国併合（朝鮮の植民地化）
14〜18 年	第一次世界大戦
19 年	ベルサイユ条約　三・一運動　五・四運動
23 年	関東大震災ー朝鮮・中国人ジェノサイド
31 年	満州事変ー満州国建国（32 年）
37〜45 年	盧溝橋事件・日中戦争の本格化
39〜45 年	第二次世界大戦
41〜45 年	真珠湾攻撃・アジア太平洋戦争
45 年	原爆投下　日本敗戦
50〜53 年	朝鮮戦争
60 年	四・一九革命　日米安保条約の改定

【前史Ⅰ】　近代日本と朝鮮・東アジア

1．日清戦争以前（一八七五年～九五年）

近代日朝（韓）関係は一八七五年江華島事件により始まるが、それは黒船による砲艦外交のようなもので、翌七六年日朝修好条規が結ばれて朝鮮王朝は開国を余儀なくされる。日本では翌年西南戦争が起きて長州藩閥中心の政権が確立するが、八〇年代前半にはこれに反対して議会開設を求める自由民権運動が活発になる。同じ頃、朝鮮では八四年に日本と組んだ金玉均《キム・オッキュン》らが甲申政変を起こすと、日清両国は派兵して衝突するが、やがて天津条約を結んで双方が朝鮮から撤兵する（金玉均は日本に亡命後、謹慎状態に置かれる）。こうした中で清仏戦争が起こり、欧米列強の東アジア進出が本格化する。

これに危機感を抱いた福沢諭吉は朝鮮半島へ勢力を伸ばす策略として『脱亜論』（一八八五年）を唱え、自由民権運動の矛先を朝鮮に向けながら長期的には清朝打倒をめざす国権伸長策を提案した。この頃、初期段階にあった日本の自由民権運動は、国外への発展（侵略）によって政治・社会基盤を確立するという「富国強兵・国権伸長」政策に同調し、むしろ大陸侵攻の尖兵の役割を担っていく。その岐路における三つの立場の葛藤を描いたのが中江兆民『三酔人経綸問答』（一八八九年）であった。

この政策を政治的に推進したのが伊藤博文で、福沢と伊藤は「欧米近代への適応と国権伸長」をめざす点では表裏一体をなした。憲法制定・議会開設に向けて八〇年代にウィーンでシュタイン（福沢の紹介）らに学んだ伊藤は、「主権は国家にあり、君主は国家意思を表現する唯一の人格」で社会のあらゆる利害や階層を超越する存在と規定する明治憲法を構想した。その骨子は、天皇の神聖不可侵性を認めた上で統治権の行使には憲法の制約があり、立法権の行使には議会の協賛が必要であり、国家目標は「欧米近代への適応と国権伸長」であった。

さて、こうして欧米近代国家をモデルにして憲法制定と議会開設を実現した日本は、内部の葛藤をテコにして対外拡張・大陸侵攻をめざす。その第一段階が前近代を象徴する華夷秩序の中心にある清（中国）との戦争の準備であり、その戦場は両国の利害が衝突する朝鮮半島であった。実は、当時の朝鮮では儒教思想に基づく「攘夷対開化」とは別に「欧米近代的な西学」に対抗する「民族自立的な東学」が民衆に浸透し始めていた。特に朝鮮西北部では中国から浸透した西学の影響が強かったが、穀倉地帯でもあった西南部では東学が農民の心を動かし、封建的な朝鮮王朝に対抗する基盤を形成していた。そして九四年四月、教祖崔時亨（チェ・シヒョン）の助命運動を契機に彼らが蜂起すると、それは東学農民戦争へと発展していく。

この危機に朝鮮王朝が宗主国清に救援を求めると、日本も「東学党の乱」を口実にして参戦する。これに危機感を抱いた東学農民は王朝側と和睦して日本軍との全面戦争に備える。一方、銃で武装した近代軍隊を擁する日本は、火縄銃や竹やり程度の東学農民数万人を虐殺した上、旧式兵器に指揮系統も不十分な清軍を相手に連戦連勝を重ねた。また、豊島沖や黄海での海戦でも清の北洋艦隊を撃破し、朝鮮半島から清軍を放逐して旅順・大連などの遼東半島にも進撃した。結局、翌九五年四月に下関条約を締結して清国から台湾・遼東半島の割譲を約束させ、多額の賠償金とともに朝鮮の「独立」を認めさせた。だが、条約の締結直後に露・仏・独三国が「遼東半島の返還」を求めると（三国干渉）、日本はこれに屈して遼東半島からの軍隊撤退を余儀なくされた。

この日清戦争勝利から三国干渉による撤退は、近代日本が進む方向を決定づけた。国内の葛藤は富国強兵路線に統合されて国権伸長・大陸侵攻が追認され、多額の賠償金の六分の五は軍備拡張に回された。特に朝鮮・満州（中国東北部）でロシアと利害が衝突することが明確になり、台湾を植民地化した後に朝鮮の植民地化、さらに満州へと大陸侵攻の野望が高まった。こうして同年秋、朝鮮王宮に侵入して親露派と見なした明成皇后（閔妃）を斬殺するという蛮行を演じた。だが、この強硬策により軟禁された国王高宗はロシア公使館に逃げて支援を要請したため、朝鮮をめぐるロシアとの対立は決定的になった。

明治維新から四半世紀後の一九世紀末、中国・東アジアでは欧米帝国主義が猛威をふるっていた。当時近代国家への道を歩み出した日本は、これに便乗して成立まもない天皇制国家を発展させる好機とみなし、対露戦争の準備とともに朝鮮での勢力拡大に力を注ぐ。その過程で、自由民権論者の大半が国権論者へと変身した。

2. 日清戦争～韓国併合（一八九五年～一九一〇年）

日清戦争は東アジア情勢を一変させた。近代兵器で武装した日本軍の圧倒的な強さを痛感した中国は洋務運動を起こすが、沿岸各地に欧米列強の租借地が置かれて帝国主義の圧力が急激に強まった。一九世紀末から五〇年間の東アジアは英・仏・独・露などの帝国主義が激突する時代となり、特に日本は数年ごとに大規模な出兵を続けて朝鮮・中国へと侵攻を重ね、その結果として米・英・仏など列強との第二次世界大戦に突入していく。

一八九九年末、「扶清滅洋」を唱えた義和団が蜂起すると清・西太后は欧米各国に宣戦布告するが、英・露・独・日など八カ国連合の軍隊に北京に攻め込まれて降伏、〇一年北京議定書で巨額の賠償金の支払いを約束した。この時に出兵した軍隊は日本が最多で約30％の二・二万人余、ロシアが約20％の一・五万人余で、事件の解決後も両国は撤兵せずに対立を深めた。翌〇二年、日本は日英同盟を締結して東アジアでの覇権の維持を図る英国の支援を得て、ロシアとの戦争を準備する。

〇四年二月、日露両国は宣戦布告して開戦、春には仁川、旅順港の封鎖や海戦、夏には遼東半島での地上戦で両軍は激突した。そして、翌年一月の旅順、三月の奉天会戦、五月の日本海海戦で日本が勝利すると大勢は決したが、その後戦線は膠着して長期戦に入りかけた。その七月末、日本は桂—タフト協定を結んで朝鮮とフィリピンでの日米の相互優位と英国を含む三国の共同歩調を密約し、九月には米国の仲介でポーツマス条約を結んでロシアと講和した（同年一月ロシアでは血の日曜日事件があり、六月には兵士の反乱と農民暴動があった）。

日本は日露戦争中に第一次日韓協約で大韓帝国への影響力を確保し、戦後の第二次協約では統監府を設置、伊藤博文を初代統監に任命して、その外交権を奪った。〇七年七月にハーグ密使事件が起きると高宗を退位させ、第三次協約で内政全般を掌握した。さらに、韓国軍を解散させると一部が日本軍と衝突し、彼らの反乱は全国に拡大して抗日義兵闘争へと発展した。これに対して日本は徹底的な弾圧で応じ、朝鮮半島全域で様々な形の抗日運動が展開されていき、後の伊藤暗殺へとつながった。

ところで、ポーツマス条約によって日露戦争は終結したが、賠償金が得られなかった日本は、樺太南半分の領有権に加えて関東州と南満州鉄道の利権、その付属地を得て満州南部まで勢力を拡大した。それでも日本国内では条約内容に不満が噴出して日比谷焼き討ち事件などが起きたが、巨額の戦費は国民生活を圧迫しており、戦争を継続できる経済的基盤はなかった。それでも、日露戦争の勝利は中国・インド・トルコなどの独立運動を刺激し、反帝国主義の気運が高まった。だが、日本はこうした独立勢力と協力するどころか、彼らに背を向けて欧米列強の一員として朝鮮半島全域の植民地化を図り、さらに満州へと侵略を拡大する。そして、日露戦争に勝利したと自負する日本は好戦的な帝国主義社会へと変貌し、対外的には世界列強の一角を占める勢いだった。ただ、この成功体験がむしろ近代日本の進む道を限定させ、世界レベルでの帝国主義戦争へと参画する転換点となる（司馬遼太郎は『坂の上の雲』でそうした時代の日本を肯定的に描いたが、在日コリアンと交流する中で、その映像化には消極的になった）。

その後の日本は、この帝国主義路線を突き進む。その第一歩が韓国併合＝朝鮮半島の植民地化であり、第二歩が満州事変＝満州国の建国、そして第三歩が中国本土への侵攻＝日中戦争で、その結果としての敗戦であった。

日清戦争で台湾を領有した日本は三年がかりで抗日勢力を鎮圧し、後藤新平を民政長官に抜擢する。後藤は「弾圧と帰順」を使い分け、「土地調査事業」などを通じて現地民の経済的基盤を切り崩し、地主勢力を分断して親日派を育成した。朝鮮でもこの手法をとり、〇八年前後の抗日義兵闘争の頃、愛国啓蒙運動や国債償還運動などの抗日運動が高まったが、日本は伊藤博文の下でこれらを徹底的に弾圧して着々と植民地化を推進した。そして〇九年一〇月、ハルピン駅頭で伊藤前統監が安重根によって射殺されると、これを機に一気に植民地化を推し進め、翌年八月には韓国併合条約を大韓帝国に強要した。

この条約は、韓国皇帝の押印が不明など今日でも法的有効性が議論されているが、実態は武力を背景にした強制併合であり、その後、三五年に及ぶ日本の統治は植民地支配以外の何物でもなかった。それは台湾以上に強硬な武断統治であり、「土地調査事業」などの植民地政策を強引に貫徹した。同時に、朝鮮半島に隣接する地域でも南満州鉄道関連の利権を中心に勢力圏を拡大していった。

3. 韓国併合～満州事変（一九一〇年～三一年）

一九一〇年八月韓国併合条約を結んだ日本は朝鮮の植民地支配を本格化するが、翌年一〇月列強の圧迫を受ける中国では清朝を打倒した辛亥革命が起こり、年末には孫文が臨時大総統に選ばれる。しかし、その後も中国の民族革命は一進一退の状況が続き、一四年に第一次世界大戦が始まると日本も参戦して青島などのドイツ租借地に上陸してこれを占拠した。そして、翌年初めに日本は対華二一カ条を要求して中国侵攻の意欲を示す一方、中国での権益拡大とアジア市場での貿易拡大により日本社会は空前の好景気を享受した。

この第一次世界大戦は四年以上続き、八〇〇万人を超える空前の戦死者とともに世界を大きく変えた。まず戦時下のロシアで帝国主義体制を否定する社会主義革命が起こり、敗戦国となったドイツでは帝政が崩壊して共和国となった。また、米国ウィルソン大統領は「一四カ条の平和原則」を提示し、特に「民族自決権」がパリ講和会議で公然と論議された。また、この会議開催中にアジアでは、朝鮮での三・一独立運動を皮切りに、インドの非暴力・不服従運動や中国の五・四運動が起こり、帝国主義体制を根底から揺るがした。だが結局、民族独立が認められたのは東欧諸国だけで、それ以外の国々の民族自決権は圧殺された。

それでも三・一独立運動と、その翌月に上海で創設された大韓民国臨時政府の意義はロシア革命に比べても画期的である。それは、第一に非暴力かつ平和的な民衆参加の独立運動であり、第二に全国各地での全階層にわたる民族・民衆運動であり、第三に宗主国日本に「東洋平和」を呼びかけた点である。またその結果、当時としては先駆的な民主共和制の国家を構想し、女性の社会進出にも触れている（ただその後、日本の弾圧とともに内部で民族主義と社会主義の葛藤が激化して四分五裂の状況が続き、第二次世界大戦後は米ソ対立を背景にした南北分断体制の基盤となる。現韓国政府の憲法では上海臨時政府の「法統」を継ぐと明記されている）。

さて、この三・一独立運動を武力弾圧した日本はロシア革命に対しても攻撃的で、一八年夏にはチェコ兵救出を名目にして米・英などとシベリアへ出兵、連合軍の八割近い七万人余を派遣した。この派兵直後、富山県など北陸で米騒動が起きて初めての平民宰相・原敬内閣が誕生するが、三・一独立運動や五・四運動が起こる一方で、ベルサイユ講和条約の締結まで欧米諸国との交渉は紆余曲折を経た。こうした中、二一年一一月東京駅で原首相は刺殺されるが、その背景は今でも判然としない。明らかなのは、犯人中岡は短期間の裁判で無期懲役の判決を受けるが、三度の減刑により一三年後に釈放された後、満州国の軍人となり、戦後三五年も生きた事実である。彼周辺においては日本の戦前と戦後は連結していた（「平民宰相」と言われた原敬は大正天皇とも親しく、天皇自身はハングルなど朝鮮に対して関心を寄せたという。こうした事情からこの暗殺事件には今も多くの謎が残っている）。

なお、シベリア出兵は死者約五千人を出して四年後に撤退するが、二三年九月に起きた関東大震災では朝鮮人六千人以上が虐殺され、中国人や社会主義者も犠牲になった。その実態を省察すれば、三・一独立運動後の植民地支配の徹底だけでなく、満州・中国本土への侵略を国民レベルでいかに準備するか、その予行演習でもあった。日本人は日清戦争以来の国民的体験を通じ、「欧米人の顔色をうかがいながらアジア人を虐待する」習性を体得したと言っても過言ではない（その百年後の今日、こうした習性をどこまで克服したと言えるのだろうか）。

さて、二五年には治安維持法と普通選挙法が制定され、成人男子は選挙権を取得する一方、朝鮮人の独立志向は「国体に反する」として厳罰が科せられた。翌二六年末、大正天皇の死去により昭和へと代替わりして色々な面で様変わりが進行したが、外地での勢力拡張を背景にした軍部の台頭が特に顕著になった。具体的には、二七年春に金融恐慌が起こると第一次山東出兵が強行され、二八年春には第二次山東出兵、済南事件が起こり、六月には軍閥政権領袖の張作霖爆殺事件まで勃発した。この事件は日本軍が起こしたが、当時の中国は内戦状態だったことで内密に処理され、事件の真相は隠蔽された。

さらに、金融恐慌の回復途上の二九年一〇月世界大恐慌が起こると、日本内外の矛盾が一気に噴出したため、民衆の不安と不満のはけ口が必要とされた。それが「新天地」満州への侵攻であり、三一年九月現地日本軍である関東軍は柳条湖事件を起こして満州侵略を開始、日中両国は戦争状態に突入した（満州事変）。

4. 満州事変〜敗戦（一九三一年〜四五年）

韓国併合、すなわち朝鮮を植民地化して二〇年余り、ついに日本は満州事変を起こして中国への侵攻を開始する。まず軍閥の拠点奉天へ進撃してこれを占領し、翌年二月には満州全域をほぼ制圧する。軍部はこれに並行して上海事変も起こす陽動作戦を展開し、三月には日本の傀儡国家・満州国の建国を宣言する。この経過を見れば、まず現地の関東軍が独断専行して軍中央を動かし、さらに政府を動かすという手法であり、その後一四年間にわたる侵略戦争の原形となった。その最大の教訓は一度始めた戦争は止めることができないことであり、強弱を繰り返しながら中国全土へと戦線を拡大し、ついには欧米列強との「決戦」により四五年八月原爆投下、ソ連参戦を受けて完全に敗北した。

「一五年戦争」とも呼ばれる中国への侵略戦争は、日本内外の状況を合わせて三段階に分けられる。第一段階は満州事変から三七年七月盧溝橋事件までの主に満州地域の限定戦争であり、第二段階は四一年一二月日米開戦までの日中全面戦争であり、第三段階は四五年八月敗戦までのアジア・太平洋戦争である。ここでは日本帝国の各段階での歩みを通観し、特に満州国の植民地朝鮮への影響と戦後日本の屈折した民衆心理について簡単に触れたい。

その際に留意すべきは、日本社会全般にわたって戦時下と言える状況は最後の約三年間であり、植民地朝鮮で戦時統制が強まるのもほぼその時期である。それ以前は満州を含む中国や東南アジアで激戦があっても、国内ではさほど切迫した状況は見られなかった。ただし、第一段階では満州国の建国前後に右翼テロが頻発し、五・一五事件では犬養首相が射殺されるなどの事態も起きていた。さらに、三六年の二・二六事件では決起した青年将校が都心部を制圧する（三日で鎮圧）など、確かに不穏な空気が戦争へと向かう兆しを漂わせていた。

この当時の植民地朝鮮の状況は複雑で、二極分解が進んでいた。朝鮮国内での独立運動は徹底的に弾圧され、抗日闘争は隣接する南満州・間島地方を根拠地にしていた。そのため、これを口実にして日本軍は満州に侵攻するが、当初から朝鮮人と満州・中国人の分断統治を目指していた。満州事変直前の萬宝山事件の時はこうした画策は失敗するが、三二年三月満州国の建国後は大々的に朝鮮人の満州移住を督励した。そして、朝鮮人の一部を満州国の統治機構に組み入れ、都市部を中心に様々な形で朝鮮人中間層を動員した。その際、満州国は「五族（日・朝・漢・満・蒙）協和」を唱えて朝鮮人を中間的な立場にすえ、諸民族の現場での対立を日本が「調停」する形で権益を拡大しながら支配体制を固めていった。

また、国家社会主義的な計画経済により高度成長を図るなど、一時は満州国への期待が朝鮮内でも広がったが、一方で中国民衆の間では日本の侵略への危機感から抗日救国運動が広がった。その発端は三五年一二月北京学生の抗日運動だが、翌月から上海など各地に救国連合会が結成され、三六年末の西安事件で最高潮に達し、蒋介石主席も抗日戦争への準備を始める。三七年七月日本が盧溝橋事件を起こすと、中国側も抗戦を準備していたので全面戦争に突入した。当初、日本は首都を占領すれば中国は降伏すると考え、年末に大虐殺を行なって南京を占領したが、逆に戦線は中国全土に拡大した。中国側は第二次国共合作を成立させ、重慶に首都を移転して徹底抗戦を続けた。日本は食料の現地調達など兵站に無理があり、抗日勢力に対して「焼光、殺光、奪光（焼き尽くし、殺し尽くし、奪い尽くす）」という殲滅作戦（三光作戦）を展開したが、三年目には兵力や燃料も不足して戦線は膠着した（そうした中、満州では731部隊の人体実験が行われ、一部ではその悪名が知られていたが、日中国交正常化後の八〇年代に森村誠一『悪魔の飽食』で実態が広く知られるようなった）。

この頃、ドイツがポーランドに侵攻して第二次世界大戦が勃発するが、米・ソは参戦せず世界情勢を見守った。そして、四一年六月ドイツがソ連に侵攻して独ソ戦が始まり、同年一二月日本の真珠湾攻撃で日米戦争が始まった。これを機に日本は太平洋戦争に突入、東南アジアや南方諸島へと進撃して占領地を拡大するが、翌春には最初の本土空襲があった。さらに二年後の四四年夏からは連日の空襲に悩まされ、それが「戦争の恐怖」を日本人に植えつけた。それ以前は「外地での戦争」であり、犠牲軍人家族の不幸はあっても「靖国」で昇華され、「戦地での加害行為」は不問にされた。そして自らに被害が及び、空襲が原爆に至った時、戦後日本の非戦・平和思想が生まれ、それが日本国憲法に結実したと言える。だが、それは被害者の立場に偏り、加害者としての側面を忘れたものだった。

【前史Ⅱ】　現代日韓関係への移行過程

Ⅰ．米軍による占領統治（一九四五年夏～五二年春）

1．国際情勢

第二次世界大戦末期の一九四五年二月、ルーズベルト、チャーチル、スターリンの米・英・ソ三首脳によるヤルタ会談で戦後世界の枠組が論議された。その後、四月ルーズベルトの死去、五月ナチス・ドイツの降伏があり、七月ポツダム宣言では日本の無条件降伏が明示された。しかし、日本が戦争を継続したため、その後も全国的に空襲は続き、八月六日広島、九日長崎に原爆が投下され、さらにソ連も参戦した。これにより、日本はポツダム宣言を受け入れて降伏、九月二日降伏文書に調印して米軍中心の占領軍政が始まった。

この前後に米・英とソ連の亀裂が世界各地で深まり、特にナチス崩壊後のヨーロッパで資本主義国と社会主義国を代表する米ソ両国の対立が激化した。また、東アジアでは中国で国共内戦が激化し、四九年一〇月共産軍が勝利して中華人民共和国の成立を宣言する。そして、朝鮮半島でも米ソを背景にした南北の対立が激化して五〇年六月には朝鮮戦争が勃発する。この戦争は同年末、国境に迫った米軍に対して中国が参戦し、大規模な国際的戦争へと発展、中国東北部への原爆投下も検討されて人類存亡の危機を感じさせた。ただ、その一方でアジア諸国の独立が相次ぎ、世界的に民族解放運動が主流になった時期でもある。

2．日本の動向

四五年八月、広島・長崎への原爆投下とソ連の参戦を契機に、日本は植民地の放棄を規定したポツダム宣言を受諾して無条件降伏した。この敗戦は四年近い米国との戦争に加え、一四年近い中国への侵略戦争、そして台湾と朝鮮を植民地化した五〇年に及ぶ東アジア侵略の結末であった。公式的な政府発表の「戦没者」は日本人で三百万人以上、日本周辺含む軍人は沖縄での一〇万人弱を入れて二一〇万人、民間人が沖縄一〇万人弱を入れて六〇万人、特に広島・

長崎では直後に二〇万人以上、後の被爆犠牲者を加えれば五〇万人で、民間人総数は百万人に近い。他にも戦地や満州・中国、そして時期を拡大すれば戦争犠牲者は日本だけで四百万人を超える。さらに中国で千万人以上、インドネシア四百万人強、インドシナ二百万人強、フィリピン百万人以上で総計千八百万人に達するという。また敗戦の結果、日本は朝鮮・台湾などの植民地を失い、満州移民など含めた敗戦時の外地居住者は約六百万人で、「引揚者」は約三百万人と推定される。つまり、約半数は何らかの事情で死ぬとか、帰国できなかったわけで、あの戦争はそれほど苛酷な、悲惨な犠牲を日本と中国・朝鮮など東アジア諸国の民衆にもたらした。

その敗戦から一年余、四六年一一月日本国憲法が公布され、半年後の五月三日に施行されると各界各層から高く評価され、今日まで一度も改定されていない。作成過程が米軍政期という特殊事情はあるにせよ、その後の憲法論争の推移を見れば、「戦争放棄」を明示した第九条や前文などの基本精神は、国民の支持なしには維持できなかった。戦後日本史を概観すれば、非戦・平和の日本国憲法こそ、日本社会の価値体系の基軸をなしてきた。米軍政の初期に実施された社会・教育全般の民主化、例えば農地改革・労働組合法・教育基本法などが戦後日本の骨格を形成し、敗戦後の国民を勇気づけるとともに米軍政への支持を高めた。

ここで注目すべきは、憲法の公布・施行時、岸信介などの満州人脈は戦犯として巣鴨刑務所にいたことだ。その一年後、米ソ冷戦体制が確立する過程で米国の占領政策は劇的に転換し、三年後に勃発した朝鮮戦争によって米国自体が「改憲」を主張し、無罪放免された岸は政界復帰して首相に上りつめる。この岸の転変こそが現代日本史への移行期を象徴し、同時に戦後の日米関係を象徴している。

米軍政期七年弱のうち、前半三年弱の民主化と後半四年の「逆コース」の対比は著しいが、それは中国・朝鮮半島情勢に由来する。世界的規模での米ソ冷戦体制は当初から予感されたが、現実化したのは四八年で日本社会を直撃した。ただ、「核戦争の恐怖」が東アジアを震撼とさせ、今も停戦状態なのが朝鮮戦争であり、これが社会を完全に変えた。日本は戦後復興を短期間で達成し、五二年四月米軍政の終了時には戦前レベルの経済基盤を確立した。一方で、五〇年八月に警察予備隊が結成され、一一月にはレッド・パージで公職追放された人が相次いだ。

米軍政下では、社会党片山政権の一年弱以外は保守勢力が掌握し、特に元外交官の吉田茂は五四年まで五期通算七年間も政権を維持した。吉田は国内外の現実に妥協して憲法に基づく「軽武装の経済国家」をめざしたが、「普通の軍事国家」をめざす岸信介らの改憲勢力は「自衛戦争」「戦争できる社会」をめざした。岸らの価値体系の基軸には明治帝国憲法があり、岸から安倍晋三へと三代続く長州閥・満州人脈がこれを支えてきた。自民党内外での両者の葛藤と妥協が、政党・政治史のみならず戦後日本の社会全般に大きな影響を与えてきた。

3．朝鮮半島の動向

日本の敗戦後、朝鮮半島に進駐した米ソ両軍は圧倒的な軍事力によって、各々が南北両半分を実効支配した。この南北分断は、日本軍の武装解除のために米ソ両軍が北緯三八度線を境にして分割占領したことに始まる。この境界の由来は日本軍の分担地域であり、ソ連参戦から日本敗戦までの一週間ほどの間に性急に設定された。ただ米軍進駐までの約一カ月、南半部では呂運亨（ヨ・ウニョン）らの建国準備委員会を中心にして民族主義者と社会主義者が協力して治安を維持していた。

米軍は占領者の態度で南半部に乗り込み、政権の決定権は朝鮮人ではなく連合国にあるとして、五年間の信託統治案を提起した。同時に、米国に亡命していた李承晩（イ・スンマン）と親日勢力の野合を推進して親米反共国家の誕生を急がせたが、その背景には世界的規模での米ソ対立の激化があった。そのため、左右合作・統合政府をめざす中間勢力を弾圧して南半部のみでの単独選挙を強行した。こうして四八年八月大韓民国の独立が宣言されると、翌月には北半部でも金日成（キム・イルソン）らが朝鮮民主主義人民共和国の建国を宣言した。

このように米ソ両大国を背景にした南北両政府が統一国家を宣言して対立を激化させ、五〇年六月に朝鮮戦争が勃発する。この戦争は戦線が南北を往来して国土全体の90％以上が戦場となり、犠牲者や離散家族の大量発生など民衆生活は壊滅的な打撃を受け、民族・国家の分断を決定づける契機となった。また、両体制間の戦争という性格上、同民族・地域内でのイデオロギー対立は極限に達し、中間派など非協力者への粛清の嵐も吹き荒れた。北の信川や南の居昌などでは南北両軍による虐殺が相次ぎ、数十年にわたって真相は隠された。この「戦場国家」では肉親・友人・隣人の間でも敵味方の区別がつかず、極度の不安と恐怖が全土を覆った。その影響は今なお両社会の基底に潜在しており、南北の分断体制を支え続けてきた。

2．基地国家・日本の成立（一九五二年春～五六年末）

1．国際情勢

一九五二年七月エジプト革命によりナセル政権が誕生してアフリカ諸国にも民族独立運動が拡がり、五五年四月インドネシアのバンドンでアジア・アフリカ会議が開かれ、内政不干渉などの平和十原則が採択された。この間、米ソ両国は原爆より破壊力が激甚な水爆の開発に成功し、五四年ビキニ環礁での水爆実験による広域被爆は人類破滅の恐怖を予感させた。こうした危機的状況に対する認識もあり、五三年七月朝鮮戦争の停戦協定が結ばれ、また五四年七月にはベトナムをめぐるジュネーブ協定の調印により、ひとまずインドシナ停戦が実現する。

この時期に注目すべきは、五三年三月スターリンが亡くなって朝鮮とインドシナで停戦が実現し、五六年二月スターリン批判が行われた歴史的意味である。思えば、満州事変から朝鮮戦争までの三〇～四〇年代は世界的レベルでの「戦争の時代」であり、ドイツ・日本・ソ連などで次々に独裁体制が成立した。いずれも外部に敵（侵略対象）を設定し、批判者を「内部の敵」と断じて独裁体制を確立し、戦果も含めた経済発展による一時的な国民生活の向上を体制強化に活用した。それはある意味で、侵略戦争と植民地支配を根底にした帝国主義段階の資本主義であり、支配イデオロギーに違いはあれ、国家資本主義に対応する社会システムと言える。したがって、その独裁者も社会も前近代からの移行過程の産物であり、米ソ冷戦体制とは「平和共存」と「体制間競争」を基本にした「分断体制」の始まりであった。その結果、より独裁・硬直化した社会だったソ連は九〇年代初頭に解体され、その後は米中間競争へと移行するが、根本的にはこれらも含めて「近代をいかに克服するか」が現代史の課題になっている。

2．日本の動向

朝鮮戦争さなかの五一年九月、サンフランシスコ講和会議で日本は連合国と平和条約を締結し、独立を回復する。だがそれは、ソ連・中国や南北朝鮮を除いた「片面講和」で、同時に日米安保条約が締結され、約半年後に米軍政が終了した後も米軍基地は存続し、沖縄では軍政自体が継続した。当時、朝鮮戦争の波及を恐れる国民世論は「全面講和」が多数派だった。だが、米ソ冷戦体制下という事情から沖縄に犠牲を強いる「片面講和」により、日米安保条約を基軸にしたサンフランシスコ講和体制（米ソ冷戦下の朝鮮停戦体制）が確立される。ただ、国民の戦争への懸念は五二年四月主権回復後も根強く、被爆した広島・長崎の被害実態も広く知られはじめた。そんな中、五四年三月にビキニ環礁での水爆実験で第五福竜丸が被曝して漁船員が亡くなると、東京都杉並区から始まった原水爆禁止署名運動は全国へと一気に広がった。この自発的な署名運動は戦後日本における反核平和運動の先駆となった。だが、その後の経緯を見ると新旧社会運動の流れが混在しつつ、結局は社共両党の影響下に置かれていく。

この頃、保守・革新勢力とも分裂状態にあり、五三年春の吉田首相による「バカヤロー解散」はその混乱ぶりを象徴していた。この総選挙で自由党から立候補して初当選した岸は、戦前の満州人脈を最大限活用して保守勢力内で主導権を握る。特に注目すべきは、政界復帰した岸が既存の枠組を超えて自由党吉田政権の長期化への批判をバネに、保守勢力の大連合をめざした過程である。

その第一段階が五四年一一月民主党の結成から翌月の鳩山政権の誕生までであり、第二段階はその民主党と自由党が合同して結成された自由民主党鳩山政権の成立であった。この鳩山政権の二年間、原子力基本法が成立して原子力委員会が設置され、また防衛二法の成立直後には鳩山首相自らが訪ソして日ソ共同宣言に調印し、国連への加盟を確定させる。国際社会への復帰に向けたこの一連の政策も、吉田の政敵だった鳩山だからこそ、政党の枠を超えて実現できたと言えるだろう。

ところで、保守合同の直前に左右社会党も合同して野党もほぼ一本化するが、その国会での勢力は合わせても三分の一強で、主導権は握れないが改憲は何とか阻止できるという微妙なバランスの「自社五五年体制」が形成される。この体制は米ソ平和共存に対応する日本版の「自社共存」体制と言えるもので、二つの面で歴史の流れの産物であった。五〇年代後半の日本は、西欧諸国からの経済自由化という「外圧」を受けて社会の民主化を図る一方、戦前から続く上からの統制を温存したまま官主導による経済成長路線を推進していた。それは三〇年代の満州国などでの方式を受け継ぎ、戦後に形成された国内外の諸条件を勘案しながら徐々にシステムとして確立されていく。

ただ、その過程は野党も含めた三つ巴の葛藤を通じて実現する。その軸は戦後日本の基盤をつくった吉田路線があるが、これに反発する左右両派が存在した。その一翼が大正デモクラシー以来の言論活動で「小日本主義」を唱えて植民地支配を批判した石橋湛山で、他方が満州国官僚として戦犯になった岸信介である。この両者が激突したのが鳩山退陣後に行われた五六年末の自民党総裁選挙で、この総裁選は中国との国交正常化も主張する石橋と、日米安保体制の強化を主張する岸との路線闘争だった。その結果、一回目投票で一位だった岸に対し、決選投票では僅差で逆転勝利した石橋が首相になる。この時、戦後日本の政治は重要な岐路にあり、そこで岸ではなく石橋が首相に選ばれた意味は大きい。だが、石橋首相の組閣は難航を極め、翌年二月石橋は病に倒れて岸政権が誕生する。

3．朝鮮半島の動向

五一年七月開城で休戦会談が始まるが、当事者は国連軍と朝鮮軍・中国軍の三者で、「北進」を主張する韓国軍は除かれ、五三年七月の停戦協定にも参加できなかった。そして、軍事境界線が設定されて非武装地帯が設けられ、軍事休戦委員会と中立国監視委員会の管理下に置かれた。

さて、五二年三月に右翼団体と親日派を糾合して自由党を結成した李承晩は、憲法を強引に改定して独裁体制を固める。そして、五二年と五六年の大統領選挙では反対派を脅迫・逮捕した上、選挙時には不正を重ねて圧勝したが、五六年選挙の副大統領には反対派の張勉（チャン・ミョン）が当選し、後継者の李起鵬（イ・ギブン）は敗北した。

この李承晩政権は武器とともに農産物や消費財まで米国の援助に依存し、軍費中心の国家財政だけでなく米国に寄生する風潮が経済界にも蔓延していた。輸出は輸入の一割程で、失業率は労働人口の四割に達し、約六〇万人の軍隊を維持していた。荒廃した農村では生産力も向上せず、流通過程の問題もあって物価は高騰した。この農業政策の失敗は李承晩政権が抱える根本的な弱点であり、対米依存の深まりは米国にも重荷になっていた。また、独立運動家だった李承晩は、反共のために親日派軍人・官僚を擁護したが、米国が斡旋した日韓交渉では妥協を拒み、「李承晩ライン」を領海に設定して日本漁船を捕まえた。この対日強硬政策は米国の東アジア政策の障害になっていた。

3．石橋・岸政権と六〇年安保（一九五七年初〜六〇年秋）

1．国際情勢

一九五七年三月、西独・仏・伊を中心にした西欧六カ国は域内関税を撤廃する関税同盟ＥＥＣを結成する。そこには、二度の世界大戦で甚大な被害を受けた独・仏を中心に、不戦の決意が込められていた。それは、米ソの狭間でモノ・ヒト・資本などが国境を越えて自由に移動する「共同市場」の拡大をめざし、現ヨーロッパ連合（ＥＵ）という巨大な国家連合への出発点となった。その一方、同年一〇月ソ連はスプートニク一号という人工衛星を打上げ、米ソの宇宙開発競争が本格化する。両国は原水爆実験に加えて大陸間弾道弾ＩＣＢＭを開発して核戦争の脅威を世界にもたらしたが、宇宙空間での覇権争いでもしのぎを削った。

こうした共存と対立の動きが続く中、五九年一月キューバ革命が起こり、六〇年は「アフリカ独立の年」と言われるほどアフリカ諸国の独立が相次ぎ、六〇年代半ばには大半の国が独立を達成する。そして、戦前から独立国だった南米諸国、大戦後に相次いで独立したアジア諸国とともに米ソ両陣営に属さない非同盟諸国が世界各地に誕生していく。この頃、社会主義圏を代表する中ソ間ではスターリン批判などをめぐって論争が激化し、各国の社会主義勢力の間にも亀裂が生じ、深刻な内部分裂へと発展していった。

2．日本の動向

現代日本への移行過程の第三段階にあたる石橋・岸政権期とは両首相間の緊張関係を基本にした三年半だった。まず年末の自民党総裁選で選出された石橋首相の組閣は難航し、自民党内の勢力が拮抗して緊張が続いた。特に中国との国交正常化を主張した石橋首相を米国は警戒し、六〇年の安保改定期まで続くことを望まなかった。一方の岸は、戦犯ながらも米国との取引で釈放された経緯から「米国好みの首相」と見られた。結局、五七年二月石橋は脳梗塞に倒れて首相を辞任し、岸政権が誕生する。

首相に就任した岸は、米国の意向に沿って低迷する日本経済を直視し、重点的な産業部門への投資による資本蓄積と輸出産業の育成を重要課題とし、同時に中小企業の保護育成、社会保障による民生向上を掲げた。ただ、彼の発想の基本には満州国で実践した重工業の振興と社会政策があり、その戦後版として官僚主導の間接統制経済により自由貿易を推進した。この基本政策は岸政権下で本格化し、その後も形を変えながら米ソ冷戦期を通して継承される。特に五〇年代後半〜七〇年代初めまでの高度経済成長は、米ソ冷戦体制と東アジアの開発独裁を基盤にしてこそ可能であり、退任後の岸がそこで果たした役割もある。

なお、任期中の「成果」としては五八年一〇月権限強化を図った警察官職務執行法改正案の強行可決とともに、五九年一二月在日朝鮮人の帰国事業の開始がある。特に後者の事業には極めて複雑な事情が作用したが、第一期は六七年末の一五五次まで、第二期も七一年から八四年まで一〇年以上も続いた。当時は植民地支配の終結から五年で起きた朝鮮戦争による南北分断に加え、米ソ冷戦体制という大枠があった。こうした中で日本政府は、南北コリアの和解に寄与する根本的な解決策ではなく、南北分断を徹底的に悪用した。まず在日コリアンを生活保障のない貧困に追いこみ、戦前並みの差別政策を徹底して「日本からの追放」を図った。そして彼らの受け入れ先として、内部対立が続く韓国よりも「戦後復興」の労働力と資金を必要とした北との交渉を優先させて南北の分断・対立を煽り、後に様々な形で禍根を残した。

ところで、五八年秋に狩野川台風、翌年秋にも伊勢湾台風（五千人以上の死者）で甚大な被害が発生したが、他方ではインドや東南アジア諸国に対する賠償借款協定で多額の資金を供出して日本の建設業の復興を後押しした。これらは基本的に戦前の侵略への賠償事業であるが、他面では戦後の経済発展への布石だった。

ところで、六〇年は戦後日本にとって大転換の年だった。一月訪米した岸首相はホワイトハウスで新安保条約に調印し、同時に日米地位協定を結んだ。次いで五月、国会に警官隊を導入して条約の批准を自民党単独で強行採決したが、六月にアイゼンハウアーの秘書ハガチーが来日した際には反対派に包囲されて脱出、大統領訪日は中止された。一五日全学連が国会突入を図ると、警職法改正により弾圧体制を強化した警官隊と衝突し、その渦中で女子学生樺美智子は圧死した。これに前後して安保条約反対運動が全国的に高揚し、自動承認前日の一八日には国会周辺のデモ隊は約三三万人に達した。だが翌日、新安保条約と日米地位協定は自然成立し、批准書を交換して発効した日米間の枠組が六〇年以上も続いている。なお、こうした過程で日本における自発的個人の先駆的な市民運動と言える「声なき声の会」が結成され、後にそれはべ平連（ベトナムに平和を！市民連合）運動に継承される。

ところで、こうした強硬策の結果として日米安保体制は再編されるが、岸首相は一連の事態の責任をとって退陣を表明し、七月に池田隼人が首相に就任する。この政権交代の背後では前首相石橋の意向も反映しており、これを機に「現代日本社会」の枠組が確定したと言える（日韓関係に焦点を当てた本書では、この観点に立って岸政権までを「現代日本への移行過程」と見た）。

こうして九月、池田首相は「所得倍増」を前面に掲げた新経済政策を発表し、「政治主導」から「経済主導」への路線転換を図る。翌一〇月、日比谷公会堂で開かれた党首立会演説会で社会党の浅沼委員長が右翼青年に刺殺され、直後に解散・総選挙が行われて自民党が圧勝する。これに前後して三井三池争議が組合側の全面敗北で終結し、石炭中心のエネルギー政策は石油中心へと大転換を遂げ、日米安保体制と同様、今日まで引き継がれてきた。

3．朝鮮半島の動向

朝鮮戦争により疲弊した南半部・韓国では五〇年代末の工場数は植民地末期の56％程、工業生産の対外依存度は90％に達し、農村部の80％以上で電気が利用できなかったという。こうして迎えた六〇年三月の大統領選挙で、李承晩は90％近い得票により、確固不動の信任が得られたように見えた。だが、それは不正選挙の結果であり、これを糾弾する四月一九日学生デモへの警官隊の無差別発砲により死者約二百人、負傷者六千人以上に達したのを契機に民衆の怒りが爆発、わずか一週間余で李大統領は辞任してハワイに亡命した。

この「四・一九革命」は東アジアで初めて実現した非暴力・反独裁運動の勝利だったが、民衆参加の幅広い社会変革には至らなかった。それは変革主体の組織と理論の欠如、社会認識の乏しさに規定され、不正選挙への怒りから李政権打倒には成功したが、米ソ冷戦体制の渦中で新たな矛盾を深化させる。特に、疲弊した経済の再建と失業者救済などの民生問題に加え、六〇年秋には南北統一論議が浮上して新政権内部でも民衆内部でも葛藤・対立が激化し、混乱状態に突入していく。そして、これが翌年の「五・一六軍事クーデター」を招き寄せる下地になった、

《前史・小結》

江戸時代までの日朝関係とは異なる、近代日朝（韓）関係は一八七五年江華島事件によって始まるが、「現代日韓関係」が始まる時期をいつと見るかについては、大体三つの見解があると思われる。すなわち、①一九四五年八月、②一九六〇年前後、③一九六五年六月、である。本書では、②の見解に基づき、一九四五年八月から一九六〇年前後までを現代への移行期と見なし、「現代日韓関係」の前段階と判断して「前史」とした。この点は次の第Ⅰ部・概観で触れるが、「現代日本史」をいつからと見るかにもよる。本書では「現代日韓史」の起点を一九六〇年前後とすることで、むしろ現代日本社会の特徴や性格、変遷過程も見えてくるのではないかと考えた。

なぜなら、公式的な現代日韓関係が始まるのは「一九六五年六月日韓条約の締結」以降だが、その基本的な枠組は一九六〇～六一年にあった日韓両国での大変動に規定されて形成された。つまり、日本では六〇年安保闘争の結果として岸内閣が退陣して池田政権となり、「政治主導より経済主導」の現代日本社会が形成される。一方、韓国では六〇年「四・一九革命」後の民主化がありながら、翌六一年「五・一六軍事クーデター」によって朴正熙（パク・チョンヒ）政権が成立し、これにより日韓条約の枠組が定まる。それから五八年、日本政府は未だにこの枠組に固執しているが、それは植民地支配という歴史的事実を封印して現実政治を優先させた枠組である。しかも、日本側と韓国側の「植民地支配への見解・認識」は異なり、それを各自の立場に都合よく理解して合意した「妥協の産物」に過ぎない。そして、これを出発点にして始まった日韓関係は絶えず物議をかもし、今日に至るまで解決のメドは立っていない。ただ、だからこそ、日韓関係に焦点を当てて定点観測することで、日本現代史の変遷過程が見えるし、理解も深まると言える。その際、次の二つの認識が不可欠であり、両者を組み合わせて観測し、理解する必要がある。

最も基軸となるのは、朝鮮戦争が一九五三年停戦協定を結んで以来、七〇年間続いている「朝鮮停戦体制」に関する認識である。これは前史Ⅱで明らかなように、隣国の南北で対立・分断が続く「停戦」状態という意味での準戦時体制であり、いつでも「再戦」へ突入しかねないという現実である。にもかかわらず、それを認識・自覚する日本人はウクライナ戦争開始後の今もほとんどいない。

次に、これと絶えず緊張関係にある基軸が、前史Ⅰ—3・4で見てきた一九一〇〜四五年の植民地支配という歴史に対する認識である。この加害者—被害者関係をどこまで、どのように自覚するのかという歴史認識は、時代によって多少変化してきたが、日本人全体では極めて不十分であり、今もなお基本的に無知・無関心である。一方、被害者の立場にあった韓国人は全体としてこの点には敏感で、軍事政権下の教育でもこの「歴史的屈辱」を忘れさせることはなかった。いやむしろ、軍事力の不足を強調して対抗意識を煽り、自らの軍備増強に拍車をかけた。その結果として、日韓両国の歴史認識を対比すれば「天地の差」があり、加えてその影響を受けた日本人の間でも対立をもたらすほどの違いがある。だからこそ、日本人自身が「歴史を鏡」にして、この二つの基軸の狭間で紆余曲折を経てきた日韓現代史を直視し、その経緯がもつ意味を深く考える機会に活かすことが本書刊行の趣旨である。

ところで、より巨視的な視点から日韓両国を含む東アジア近現代史が世界の近現代史において持つ意味を考えてみたい。一九世紀末の帝国主義時代に本格化した東アジア三国（中・朝・日）の近代は、欧米の影響を強く受けてこれに適応しなければ国家・民族の独立をあやうくする事態が進行していた。その後の過程を韓国の白楽晴（ペク・ナクチョン）教授は「近代の適応・克服の二重課題」論として提起しているが、日本では「近代適応」はあっても「近代克服」の意識が極めて弱い。強いて言えば、戦争末期に京都を中心に「近代の超克」が叫ばれたが、それは欧米に代わって日本がアジア・世界の盟主になるという主張に過ぎず、現実的な基盤を欠いていた。新聞記者ながら日中戦争が本格化した時期に三年間仙台に留学し、日本の地方事情にも通じていた朝鮮の文学者・金起林（キム・キリム）は、その体験から解放後に恒久平和と弱小民族の解放を主張した。そして米ソによる南北の分断・対立に強く反対していた彼は、朝鮮戦争の渦中で行方不明になり、その主張もかき消された。

こうして朝鮮半島が戦場になったのに反し、米軍の占領下に置かれた日本は米軍支援の後方基地となり、かつての植民地での戦争を機にして急速な経済復興を成し遂げる。その背景と過程を「戦場国家・コリア」に対比して「基地国家・日本」と規定したのが南基正（ナム・キジョン）教授である。本書は、この白楽晴教授の「近代の適応・克服の二重課題」論と南基正教授の「基地国家・日本」論を参考にしながら米ソ冷戦体制解体後の東北アジアを「朝鮮停戦体制」と把握し、本書編集の基底にすえた。

第Ⅰ部

米ソ冷戦体制下の日本と韓国

1960 年	岸首相退陣　浅沼稲次郎刺殺事件
65 年	米軍の北爆開始　日韓基本条約の締結
67 年	美濃部都政の成立
68 年	ベトナム反戦運動の世界化　パリの五月
70 年	日米安保条約の自動延長
71 年	林彪事件　中国国連招請の決議　ドル・ショック
72 年	ニクソン訪中　沖縄復帰　日中国交正常化
73 年	金大中拉致事件　オイル・ショック
75 年	ベトナム戦争終結―ベトナム統一
76 年	田中元首相、ロッキード事件で逮捕
79 年	イラン革命　朴正熙大統領暗殺　ソ連アフガン侵攻
80 年	光州民主抗争　大平首相の急死で鈴木政権
84 年	全斗煥大統領の来日、日韓首脳会談
87 年	６月民主抗争　中曽根首相の退陣
89 年	ベルリンの壁崩壊―東欧の民主化
91 年	国連に南北同時加盟　ソ連崩壊―米ソ冷戦体制の解体

《第I部・概観》

1．「現代史の起点」としての一九六〇年前後

「戦後日本」と言えば「一九四五年八月敗戦」後を指すが、「現代日本」と言える社会の連続性はいつから始まったのか、「現代史の起点」をいつと見るかの議論はあまり行われてこなかった。本書では次の四つの理由から一九六〇年代前半、特に六〇年前後を現代日本史の起点とし、四五〜六〇年を「現代日本への移行期」と時期区分した。第一に政治的には、六〇年安保で岸首相が退陣して池田首相に代わり、政治闘争よりも経済成長を優先して社会的な基盤づくりに政策方針を変えた。第二に、この時期に日本全体が「農村から都市へ」と劇的に変化し、個々人の生活や価値観も経済・金銭中心になり、テレビや冷蔵庫など家電製品の普及とともに掃除や洗濯など日常生活の負担は軽減する。第三に、米ソ冷戦体制はベルリンの壁建設やキューバ危機を経て基本的に平和共存で合意し、むしろ安定化した。第四に、韓国では四・一九革命を経て軍事政権が成立し、米・日・韓による「朝鮮停戦体制」が米国の主導下で確立した。特に第四点に着目する本書は、これらを総合して「現代史の起点」を六〇年前後とした。

なお、「六〇年前後」としたのは、日本中心に区分すれば「六〇年夏」であり、韓国で区分すれば「六一年五月」であり、キューバ危機にこだわれば六二年秋になる。本書では、これらの事情を勘案して「六〇年前後」とし、安倍・改憲派の菅義偉首相が辞任した二〇二一年秋までを「現代日韓六〇年史」として編集した。

2．米ソ冷戦体制下の東アジア

米ソ冷戦体制を安定化させたキューバ危機の前後、東アジアではベトナム戦争が激化して米国の介入が強まった。特に六五年の北爆以降、米国内外でベトナム反戦運動が高まると日本でも学生中心にこれに呼応した（特に西欧諸国では、「六八年革命」と言われるほど社会・文化的に大きな変化が起こり、東欧のチェコでも民主化運動が高揚したが、ソ連の介入によって弾圧された）。一方、中国では文化大革命が高揚して内戦状態を深め、また中ソ対立が激化して米国を含む三つ巴の対立が世界に広がった。この危機的状況を打破したのがニクソン訪中で、米国主導での東アジア情勢の転換が図られた。すると日本は、これに便乗する形で中国との国交正常化に舵を切り、米国の思惑を超えて東ア

ジア情勢が急変する中、ベトナム戦争の終結に向けた歩みは早まった。その七〇年代前半、アラブ産油国を震源にしてオイル・ショックが世界を揺るがし、日本や欧米諸国は石油資源の確保に奔走する。

その後、七九年にイラン革命が起きてアラブ諸国では米国への賛否両論が渦巻いた。七〇年代末、東アジアの韓国では朴正熙独裁政権が限界に達して崩壊し、日本でも大きな変化が予感された。だが、同時期にソ連がアフガニスタンに侵攻したことで冷戦体制は再び緊張が高まり、朝鮮半島でも南北分断体制が息を吹き返した。その結果、韓国では軍事独裁政権が再登場したが、その政治力には限界があり、経済成長に支えられて何とか維持された。ただ、これは日・中両国にも共通で、経済的な協力関係を強めながらともに急成長するという地域発展のモデルになった。特に日本は、六〇〜七〇年代ほどではないが着実な経済成長によって米国を脅かす存在となるが、その背景には米ソ冷戦体制による恩恵という側面もあった。

こうして迎えた日本経済の絶頂期だが、これを揺るがす予兆はソ連から始まり、やがて訪れた米ソ冷戦体制の解体とともに、その政治・社会体制の限界が露呈していく。具体的には、「改革・開放」を唱えるゴルバチョフ書記長の誕生からソ連崩壊までの過程だが、ほぼ同時期に並行して展開された韓国民主化が及ぼす影響も甚大だった。というのも、日韓両国は歴史的・経済的に植民地時代から続く緊密な関係を保ちながら、当時まで一部を除いてあまり意識されることがなかった。だが、米ソ冷戦の終結はその縛りを取り払い、日韓関係の再構築が不可避となっていく。

3．時期区分について

六〇年前後から九一年末の米ソ冷戦体制の解体まで、約三〇年にわたる日韓現代史を三分すれば、七二年秋の日中国交正常化と八〇年春の光州民主抗争と大平首相の急死が節目となる。これに加えて、第一期と第三期をそれぞれ二分して日韓現代史の流れを五つの時期に区分した。その際、前者で六七年春の美濃部都政の誕生を節目にしたのは、当時の「時代の変化」を私自身が体感し、また今後その意義が再評価されると信じたからである。さらに後者では、八七年夏〜秋の韓国と日本の変動が米ソ冷戦の終結にも関連すると見たからであり、このように米ソ冷戦体制下の日韓現代史を時期区分した。これにより、各時期における国際情勢の影響を受けながら、相互に影響しあって日韓関係を深めてきたことがわかる。

Ⅰ．現代日本の確立（一九六〇年夏～六七年春）

１．国際情勢

一九六〇年一一月米国の大統領選挙でケネディ候補が当選、選挙に勝利した最年少大統領として翌年一月に就任する。その就任演説は「新時代の米国」を印象づけ、半年後ウィーンでフルシチョフ首相と米ソ首脳会談を行って世界を驚かせた。実際、彼の在任中にはキューバ危機・ベルリンの壁の建設・宇宙開発競争など米ソ間で様々な事件が発生し、特にキューバ危機時は「第三次世界大戦と全面核戦争の危機」を回避したと今も評価される。それも、就任直後に米ソ首脳会談を催して直接議論することで生じた双方の信頼関係が根底にあったことが大きい。このキューバ危機後、核戦争の危機を実感した米ソ両国は英国を含めた三国で六三年八月に部分的核実験禁止条約に調印し、ベルリンの壁などで米ソ両陣営の勢力圏を確定させながら「平和共存」への道を歩み始める。

当時、アジア・アフリカ諸国で「革命なき独立」が広がる中、米ソの平和共存路線は両国内外からの攻撃を受ける。米国ではベトナム情勢が悪化する中、より強硬に反共を主張する勢力がケネディを攻撃し、それを伏線にして六三年一一月テキサス州ダラスでケネディ暗殺事件が起きる。この事件の背景には様々な謎があるが、確かなのはジョンソン副大統領が昇格してベトナムへの軍事介入が急展開し、東アジア反共体制が確立された点である。一方ソ連では、六四年一〇月休暇中に緊急中央委員会に呼び出されたフルシチョフ首相は解任を決議され、軟禁状態の年金生活を余儀なくされる。こうした両国内の動きとは別に、毛沢東主席が率いる中国は米ソ平和共存を「革命への裏切り」と激しく批判し、六四年一〇月自力で原爆実験を成功させた上、六六年五月には「文化大革命」を発動する。米ソに中国が加わった三つ巴の国際外交戦は非同盟諸国、いわゆる第三世界を主戦場にしてお互いの影響力を競い合うが、中ソ対立も深まって国際関係は複雑化した。

こうした中、六四年秋に米国ではジョンソンが再選され、翌年二月北（ベトナム空）爆が始まってベトナム戦争が本格化すると、朴正熙政権は米国の要請に応じてベトナムに派兵する。六四年一〇月東京オリンピック時に南北コリアや中国・北ベトナムと国交がなかった日本は韓国だけを参加承認し、閉会直後に佐藤首相が就任すると、六五年六月、日韓条約に正式調印し、一二月に批准して朝鮮を排除したまま国交を正常化させる。同年オリンピック不参加のインドネシアでも政変が起きてスハルト軍事政権が成立、フィリピンでも年末にマルコス政権が成立する。つまり、韓国に次いでインドネシア・フィリピンにも開発独裁政権が成立して米国を支援する。この流れに日韓条約を置けば、次の三つの特質が見えてくる。①米・日・韓・南ベトナム（東南アジア）の四層構造をなす反共体制の構築、②開発独裁下の経済発展を目標とし、③植民地支配の歴史を忘却（正当化）させる。さらに、①の原形として日・朝・満・中国という「満州国」構想が思い浮かぶ。こうして日韓条約は、米ソ冷戦体制の枠内でベトナム戦争を戦い抜く米国を後方支援する「東アジア反共戦略」の要となり、南北分断体制を支える礎となった。そこでの「基地国家・日本」の役割は、さらに高まったと言える。

＊東アジア政治史から見た東京オリンピック

六四年一〇月に開催された東京オリンピックが、新幹線の開通など現代日本社会の形成に大きな影響を与えたことは知られる。だが、五三年朝鮮戦争の停戦協定の調印から一〇年余り、翌六五年には日韓条約が締結された経緯を考えると、この大会は極めて政治的なイベントでもあり、東アジア政治史に大きな影響を与える転換点であった。

まず開催期間中に、ソ連のフルシチョフ首相が突然解任され、中国が初めての核実験を行うことで中ソ論争は本格的な段階に突入した。また、当時の米国はベトナムへの直接介入を準備し、翌年二月には北爆を開始し、「朝鮮停戦体制」は東南アジア諸国を巻き込んで全面的に再編される。つまり、韓国と台湾は大会に参加する一方で、朝鮮と中国、インドネシアと北ベトナムは不参加となった。しかも、大会直前にガンと判明した池田首相は閉会式翌日に辞任を表明し、翌一一月岸の実弟・佐藤栄作が首相に就任すると、日韓関係は一気に進展して日韓条約が締結される。さらに、同年秋インドネシアで政変が起きてスハルト軍事政権が成立し、同年末フィリピンでもマルコス政権が成立して二〇年を超える開発独裁体制を確立する。こうした一連の事態の起点に同大会があり、それは単なる偶然ではない。

2. 日本の動向

この時期は、六四年一〇月東京オリンピックを挟んで前半四年余りが池田政権、その後二年半が佐藤政権にあたる。六五年二月米国の北爆によりベトナム戦争が本格化し、日本は朝鮮戦争時に次いで「後方基地」国家となる。同時に、現代日本の産業基盤が急速に整備されて「経済大国」への道を歩み出すが、その背景には韓国・台湾・東南アジアを日本の傘下に組み込む米国の東アジア戦略があり、それはベトナム戦争と表裏一体の関係にあった。

六〇年一一月総選挙にあたり、六〇年安保を通じてテレビなどのメディアが国民世論の形成に大きな影響を与えると察知した池田首相は、自らの高圧的な姿勢を払拭するために「寛容と忍耐」を強調した。そして、安保・改憲論争などでの対決姿勢を封印して「所得倍増計画」を発表し、「経済の時代」への転換に着手する姿勢を見せた。その結果、自民党は戦後最高の三〇一議席を獲得して圧勝し、結党以来最大の危機を乗り越えるとともに、経済政策の全面的な転換を推進していく。

具体的には、選挙直後の一二月に所得倍増計画を発表して実行に移し、翌年は防衛二法案の改正とともに農業基本法を公布し、六二年新産業都市建設促進法も公布して「農業から工業へ」と産業基盤を大転換させた。また、当時はオリンピック開催に向けて東京周辺で「建設ラッシュ」が相次ぎ、集団就職や出稼ぎなどで「農村から都市へ」の人口大移動が始まった。六〇年の高校進学率は58％、中学を出たばかりの少年・少女が集団就職の専用列車に乗って東京・大阪・名古屋などの大都市をめざした。彼ら・彼女らは「金の卵」とよばれ、紡績工場や町工場に会社の寮から通って働き、また商店に住み込んで安い給料で酷使された。やがて三大都市には高層ビルが立ち並び、多くの地下鉄や高速道路が交差して近郊には団地が建てられた。同時に、鉄鋼・自動車・造船や重化学工業などが発展し、三大都市圏をつなぐ地域には新幹線と高速道路が整備され、海岸沿いには石油化学コンビナートが次々と建設された。このように「高度経済成長」が続く中で、水俣病やイタイイタイ病など公害の初期症状も露見した。だが、その被害実態が社会的に知られるようになり、各地で反対闘争が起こるのはそれから五～一〇年後であった。

さて、原材料に乏しい日本は加工貿易による輸出産業により支えられ、国際的な経済協力を不可欠とした。具体的には六三年ＧＡＴＴ11条国に移行し、また六四年ＩＭＦ

8条国に移行してOECDにも加盟するなどの国際的な地位向上は国内産業の発展を促した。そうした中で開かれたオリンピックの閉会直後、池田首相の健康状態は急速に悪化して退陣を表明する。

そして一二月、岸信介の実弟・佐藤栄作が首相になると米国の要請もあって日韓は国交正常化へと突き進む。同時にこの頃、岸の隣家に統一教会日本本部が設立され、岸と統一教会を媒介にして満州国軍人だった朴正熙政権との緊密な関係が確立される。そして、六五年六月日韓条約が締結され、公式に日韓関係の現代史が始まる。

しかも、佐藤首相の就任前後一年内に大野伴睦、河野一郎、池田勇人らの党内実力者が相次いで亡くなり、「佐藤一強」体制が築かれるとともに岸元首相との表裏一体の関係も強まった。中でも河野一郎は当時六七歳、佐藤改造内閣で無役になって一カ月後の急死だった。その後、次期総裁選で河野派は分裂して少数派が中曽根派となり、それ以外はやがて雲散霧消する。一方、佐藤首相は強引な政権運営で建国記念の日を祝日としたが、それは明治維新一〇〇周年記念行事とも関連していた。また、同じ流れで六七年秋に吉田茂元首相の国葬を行なうが、それらは近代日本を美化する動きであり、岸元首相との二人三脚が背景にあった。この六七年には政界汚職（いわゆる「黒い霧」問題）が噴出しており、その本質を隠蔽するための手法でもあった。だが、同年初めの総選挙で与党は後退し、同年四月東京都知事選挙では美濃部候補が当選する結果を招いた。

ところで、六〇年安保時に「声なき声の会」など無党派市民の存在が注目を集めたが、社会党中心の野党勢力はこうした変化に目を向けるより、理論闘争を繰り返して分裂を深めた。まず、六〇年右派労働運動を基盤とする民社党の分裂はやむを得ないとしても、翌六一年社会党内で江田三郎が構造改革論を提唱すると、人身攻撃を加えて党内分裂に拍車がかかる。この体質は、市民運動にも悪影響を与え、「衆知を集める」には程遠い状況がその後も続く。中でも、社会党と共産党の対立は野党を支持する市民団体に深刻な打撃となった。端的には、ソ連・中国の核実験への評価の違いから原水爆禁止運動は分裂し、社会党系の原水禁と共産党系の原水協の対立は運動全体を弱体化させた。

こうした中、六五年二月に米軍による北爆が本格化し、日韓条約の締結が強行されてベトナム戦争への支援態勢が整えられた。だが、これに反対すべき社共両党の反応は鈍く、そこには戦前の植民地支配の歴史に向き合う姿勢が全くみられなかった。そのため、問題の本質に迫るような反対論を展開できず、ベトナムや朝鮮での戦争に「日本が巻き込まれるか否か」に関心が集中した。その結果、日韓条約に関連して植民地支配の歴史は不問にされた。また、ベトナム戦争の残虐性や米軍基地を提供している加害者性を問題提起したのも政党に属さない文化人や市民であり、彼らの「異議申し立て」が人々に影響を与えた。

六五年四月、「北爆反対」を唯一の共通項にして「ベトナムに平和を！市民連合」（べ平連）が結成された。これが日本での市民運動の先駆と言えるが、結成当初は「市民文化団体連合」で個人と団体の集合体であり、後に個人参加による「市民連合」に改称した。そして、「言い出した人間がやる」自主性を尊重し、「ベトナム戦争反対」を共通テーマとすれば「べ平連」を名乗ることができた。この運動の代表格には作家の小田実がなって東京に事務局を置き、後には各地に「べ平連」が誕生したが、全国組織は結成されなかった。そうした点でもかなりユニークなこの市民運動は、個人の主体性に依存しながら多様な人々との出会いと学びを触発した。筆者を含む多くの人々にとって市民運動の出発点となったこの運動は、美濃部都政が誕生した時代を背景に独特の役割を果たしたが、その意義は今日もあまり検討されていない。

3．韓国の動向

この時期は、四月革命後の混乱に乗じて朴正熙を中心にした青年将校が軍事クーデターを準備し、六一年五月に成功させる。その後、硬軟両様の弾圧で反対派を切り崩して政権基盤を固め、日・米の支持を得て東アジアを代表する「反共国家」としてベトナム派兵などに加担する。

六〇年秋、四月革命から半年たって経済・社会的な混乱が拡大する中、南北統一論議が急浮上して米ソ両陣営に属さない「中立化統一論」や民族自立経済が論じられ始める。特に、学生を中心に「行こう北へ！来たれ南へ！」という統一への熱気が高まると、「東アジア反共戦略」の要である日韓関係の改善に期待していた米国は次の方策として国軍内の若手将校に着目する。旧日本軍または満州国軍の軍人だった彼らは反共意識が強く、日韓両国に「満州人脈」を復活できる可能性があった。ただ、彼らも韓国民の大多数が共有する反日感情を無視した行動は難しく、周到な手順が必要な難問であった。

六一年五月一六日未明、民族統一への期待が高まる中、朴正熙らの若手将校に率いられた軍人三千人余りが軍事クーデターを起こした。彼らは「反共体制を強化する」と

韓国・1960 年四月革命。中央の横断幕には「自由、正義、真理～」とある。

宣言し、腐敗一掃と自立経済の建設などの「革命公約」を発表した。当日米国は張勉政権の支持を表明したが、翌日には若手将校を支持してクーデターは成功した。米国は東アジアで反共政策を遂行するために日韓関係の改善を最優先課題と考え、両国間の葛藤解消に努めた。特に、ベトナム戦争に備えて「戦場国家」韓国の派兵と「基地国家」日本の後方支援が不可欠であり、米・日・韓を上中下の三層構造とする同盟を強力に推進した。

五月中に若手将校らは国家再建最高会議と称して「不正蓄財処理要綱」を発表し、六月に「中央情報部法」「革命裁判所・検察部組織法」を制定して弾圧体制を整えた。次いで七月、朴正熙が実権を掌握して「反共法」を制定し、反共第一の国内改革を断行して平和的な統一運動も徹底的に弾圧した。こうして同年末、自ら公約した民政移管とともに大統領個人に強大な権限を集中させる憲法改正案を国民投票にかけ、約80％の支持で可決されると朴正熙は出馬を表明する。こうして六三年一〇月、まず大統領選で「民族的民主主義」を掲げて僅差で当選すると、翌月の総選挙では不正選挙により圧勝して強権体制を確立する。

この朴政権は経済再建を最重要課題とし、六二年度から「経済開発五カ年計画」を発表する。その成否は資金確保にあるため、対日請求権問題を決着させて日本からの資金導入に的を絞る。結局、六二年一一月朴の縁戚にあたる腹心の金鍾泌(キム・ジョンピル)と大平外相の会談で大枠合意し、日本は無償三億、有償二億ドルを拠出するという「金・大平メモ」が作成された。その後、金銭的決着を最優先としたこのメモが日韓条約交渉の基本となり、植民地支配への認識や被害者個人への賠償などは不問にしたまま、日本のペースにより水面下で断続的に進められた。

六四年になると、朴政権は経済再建のために日韓の国交樹立を急いだ。その動きを「対日屈辱外交」とする運動が学生中心に一万人を超えると、「非常戒厳令」を発して集会やデモを全面的に禁止するなどの強硬措置をとった。こうした中、六五年二月日韓基本条約は仮調印され、六月の正式調印を経て一二月に両国は正式に国交を樹立するが、この間も必死の抗議行動が展開された。反対派の主な論拠は、①日本は謝罪なしに植民地支配を正当化している、②日本資本の新たな経済侵略を招く、という二点だった。この二点は後の韓国民主化運動でも一貫して主張され、今も①は韓国人多数派の日本政府に対する共通認識になっている。戦後生まれの日本人といえどもこれに対して誠実に応えていく責任がある。

＊帰国事業・日韓条約と在日コリアン

五九年に始まった朝鮮への帰国事業に、当初日本社会での貧困生活と差別に苦しむ在日コリアンの応募が殺到した。ただ数年すると、朝鮮での困窮を訴える帰国者から残留家族への伝聞もあり、一時の熱気は冷めていく。この頃、在日コリアンが被告となった丸正事件は正木弁護士が逆に名誉棄損で起訴され、六三年に提出した再審請求も無視されて被告らの獄中生活が続く。また、小松川事件も裁判官の拙速な指揮で審議不十分なまま、五九年に東京地裁、六〇年東京高裁、六一年最高裁の上告棄却で死刑が確定し、翌六二年に被告の李珍宇(イ・ジヌ)は二二歳で死刑執行された(大島渚の映画「絞首刑」を参照)。この第一審から死刑執行までの超スピードの裁判指揮こそ、政府の在日コリアンへの処遇を象徴しており、ある入国参事官は、「(外国人は)煮て食おうと、焼いて食おうと自由だ」とうそぶいた。そして、日韓条約の締結後も民団と総連という民族組織間の対立は激化し、家族内でも政治的対立や世代間対立が表面化して在日コリアン社会の亀裂は深まった。さらに、この入管当局の手法は今も受けつがれており、難民認定の常軌を逸した厳しさなど、コリアンだけでなくアジア・アフリカ系の人々全体へと拡大されている。

◆関連書籍

①文京洙『新・韓国現代史』（岩波新書、2015年）

②木宮正史『日韓関係史』（岩波新書、2021年）

この2書は、本書刊行にあたって多くを学ぶとともに、独自性を確保するために意識した良書であり、日韓現代史の全体像とその流れを新書版でコンパクトに理解することができる。①は、同じ著者が10 年前に刊行した書の補充版だが、韓国現代史の記述に関しては私自身も似た経験(『これだけは知っておきたい韓国現代史』、社会評論社、2004 年)があり、本書では日本を中心に時期区分した。また②を参考にした上で、あえて1960 年までを「前史」とし、「朝鮮停戦体制」という視角から単なる日韓関係に留まらない、日韓現代史の相互依存と対立を総合的にとらえ、日本社会の問題点を摘出しようと努めた。できれば両書とすみ分けながら、「朝鮮停戦体制を終戦・平和へ」の道に寄与できればと思う。

＊大島渚監督「忘れられた皇軍」の問いかけ

私が最初に出会ったコリアンが白装束の傷痍軍人だと思い至ったのは八四年七月、関釜フェリー船上での大島渚の「バカヤロー発言」（後述）が問題になった時だった。当時は大阪在住で多くの在日コリアンと交流していたが、大島のドキュメント映画「忘れられた皇軍」は見ていなかったので、子どもの頃に電車の中などで見かけた傷痍軍人が在日コリアンだったという事実を不覚にも知らなかった。六三年八月一六日戦後特集として放映された映画は三〇分ほどの短編だが、日本軍兵士だった在日コリアンで手足や目を失った傷痍軍人の実情を描く。彼らは戦時下で瀕死の重傷を負いながら、戦後は外国人ということで日本政府から恩給どころか治療費の援助も戦傷補償も得られない。彼らは極めて悲惨な生活と不条理さのあまり、「眼なし、手足なし、職なし、補償なし」という旗を掲げて首相官邸や外務省を訪れる。だが、政府はもちろん誰にも相手にされず、街角の日本人は無関心に素通りする。こうした現状を大島は「日本人よ、これでいいのか」と問うが、社会的正義を求める彼の告発への反応もわずかで、戦前と変わることなく在日コリアンを差別・侮蔑の対象としている一般日本人の姿が映し出される。

2.「市民自治体」の萌芽（一九六七年春〜七二年秋）

1. 国際情勢

当時、反戦運動も含めたベトナム戦争の影響により米ソ冷戦体制も動揺し、一九七一〜七二年に大転換を迎えるが、その流れは六八〜六九年に始まる。まず六八年初めの旧正月（テト）、北爆により多大な打撃を受けていた北ベトナムと解放戦線側が米軍に大打撃を与え、三月には北爆を部分停止させ、五月にパリ和平会談が始まる。この頃、そのパリでは「五月革命」と言われるほど反戦運動が高揚し、全米各地や西欧各国、日本にも広がってジョンソン大統領は再選を放棄する。一方ソ連は、八月チェコスロバキアに侵攻して東欧圏の動揺を力で抑え込み、翌年三月に中ソ国境紛争を起こす。その中国は文化大革命（文革）が統制不能となって内乱状態となり、紅衛兵の若者を下放（農山村で労働に従事）させて事態の鎮静化を図ろうとした。

七一年夏の金・ドル交換停止による為替変動に続いて、ニクソン訪中による衝撃は世界を揺るがし、特に日本など中国周辺の東アジア諸国は政策の変更を余儀なくされる。自民党内で政権が交代して日中国交正常化を急いだ日本と、共同声明で民族自主・平和統一を宣言して独裁を強化した南北朝鮮に分かれる。当事者の中華民国・台湾はもちろん困難に直面したが、フィリピン・インドネシアなど東南アジア諸国の対応も分かれた。ただベトナムでの戦火は止まず、中ソ対立の渦中にあった北ベトナムは以後ソ連寄りの立場をとり始め、ラオス・カンボジアも複雑な対応を見せ、後には中越国境紛争に発展する伏線が生じる。

なお、六七年六月アラブ諸国とイスラエル間で第三次中東戦争が起こり、敗北したアラブのパレスチナ地域は困窮を極め、六年後に第四次中東戦争と石油戦略で世界を震撼させる原因となった。一方、六八〜六九年に西欧諸国を席巻した学生主体のベトナム反戦運動は文化の多様化・現代化を主張して旋風を起こし、環境運動やジェンダー改革を推進する新世代の指導者を輩出していく。

＊中国の国連加盟とニクソン訪中

七一年一一月、数年来国連で議論されてきた中国の加盟をめぐり、中華人民共和国の支持国が多数派となり、正式加盟が認められた。国連は創設時から中華民国が代表権を維持してきたが、六〇年代にアジア・アフリカの新興国が次々に独立して多数派を形成し、中華人民共和国の代表権を要求する。実際、世界人口の約四分の一を占める国を排除することには無理があった。そのため、欧米諸国も中国代表権の変更を認めざるを得ず、七一年夏米国はキッシンジャー補佐官を極秘で中国に急派して政策変更を示唆する大統領訪中を提案した。これを受けた文革最中の中国では九月、林彪副主席が訪ソを図って撃墜されるという事件が起こり、毛沢東―周恩来の外交ラインによって七二年二月ニクソン訪中が実現する。これを機に東アジア情勢は流動化し、同年七月に朝鮮半島の南北間で七・四共同声明が発表されたが、一〇月韓国では独裁体制を強化する維新憲法が公布される。一方、田中首相は九月に訪中して中国への侵略戦争を謝罪した上で国交正常化を実現させたが、これは米国の思惑を超える日中外交の展開でもあった。そして、この決断がロッキード事件による「田中政治の没落」を招来したと見られる。

2．日本の動向

この時期は佐藤政権期であり、経済的には高度成長が続く中で、政治的には周辺諸国、特に中国・朝鮮の動向が表裏一体で影響を及ぼし始める時期である。当時、表面上はベトナム戦争をめぐる賛反両論が最も激しかったが、実は「朝鮮停戦体制」の本質が見え隠れした時期でもあった。ただ、そのことに気づいた日本人は皆無に近く、その渦中で在日コリアンは翻弄されていた。

六七年四月、社共両党の革新統一候補として立候補した経済学者・美濃部亮吉が大接戦を制して東京都知事に当選する。彼は「天皇機関説」で知られる戦前の憲法学者・美濃部達吉の子で、「青空バッジ」七〇万個を売って選挙資金を確保し、安江良介（後の岩波書店社長）を特別秘書にして「広場と青空の東京構想」を掲げた。この構想は「公害」が深刻化していた東京での環境問題の重要さとともに、対話や政治参加の場である広場の意義を提起した。そして、翌年には文部省の反対を押し切って朝鮮大学校を各種学校として認可し、民族差別を含む様々な社会問題にも前向きに取り組み、高齢者の医療費や都営交通費の無料化などを実現させた。また、心身障がい者や無認可保育所への助成、児童手当の創設、公害防止条例や公害局の設置など、後の社会福祉・環境行政を先導する役割を果たした。一方で、「東京ゴミ戦争」やし尿汲取りの無料化、公営ギャンブルの廃止などで理想を追い過ぎた面もあったが、総じて市民本位の行政モデルを実践したと言える。同時に、それらの施策と基本方針は戦後日本に市民社会が誕生し得る可能性を示唆しており、二一世紀にめざすべき「市民自治体」の萌芽とも言える。

そのリトマス試験紙となるのが、在日コリアンを含む外国人への施策である。美濃部都政が誕生した直後、特別秘書に任命された安江良介が、前知事からの先送り事項だった朝鮮大学校の認可問題に取り組む。ただ、問題の重要さと微妙さから自共両党や右翼、韓国民団の脅迫・妨害行為が続発し、翌年四月都知事は在日子女の教育権保障に基づきようやく同校を認可する。その直前二月に起きたのが金嬉老（キム・ヒロ）事件である。静岡県寸又峡の旅館での人質事件は、在日コリアンをめぐる諸問題を浮上させた。暴力団員を射殺した金嬉老は、その仲間の警官をなざしで在日コリアンへの差別発言の撤廃と謝罪を要求した。彼は何度も記者会見を開き、警官の在日差別発言を告発する場に変えた。これを見た文化人や在日コリアン多数が声明を発し、彼の発言に共鳴しながら人質の解放を求めた結果、何とか無事に解放されて事件は一応落着した。だが、その経緯を見れば、日本社会の非白人系外国人への差別と偏見、その構造は五五年後の今も本質的に改善されていない。逆に言えば、ここに「市民自治体」のカギがある。

さて、この美濃部都政の誕生から半年後の一〇月、ベトナム戦争に反対する立場から佐藤訪米阻止闘争に参加した学生が死亡すると、学生・社会運動は一気に先鋭化して左右両派の対立が激化する。ただ、その後四〜五年の流れを振り返ると、当時のベトナム反戦運動の底流をなす世代間ギャップと歴史・現実認識の未熟さに加え、議論を通じて悲惨な戦争体験を継承するよりも暴力的対立が様々な形で展開される過ちがあった。

まず六八年春、日本大学では不正入学の謝礼金から莫大な使途不明金が、東京大学では学生処分の誤認が判明して大学当局の責任が追及され、六月には両大学とも数千人の学生が参加する抗議集会が開かれ、やがて全学共闘会議が結成された。そして、夏休みから秋にかけては闘争が高揚して全学集会や大衆団交が開かれる一方、卒業・就職問題の期限が迫ることで学生内部に分裂が始まった。すると、両大学当局とも態度を硬化させて警察や政治家の介入が本格化し、日大の場合は体育会系や右翼学生による暴力的弾圧、東大の場合は共産党系学生との衝突により学生間の対立も表面化した。加えて、大学周辺での街頭行動や大学入試をめぐる影響など、様々な社会問題とも連動して急激に政治問題化した。

こうした動きは、翌年一月東大・東京教育大の入試中止を契機に全国の大学に広がってベトナム反戦の気運とも連携して約一年続くが、それは六八～六九年欧米を中心にした学生・青年運動、反戦運動の影響を強く受けていた。さらにこの頃は、中国での文化大革命やソ連のチェコ侵攻など、従前には見られなかった社会主義国内の混乱も表面化し、まさに「天下大乱」の様相を呈していた。思えば、第二次世界大戦の終結から約二五年、世界的規模の諸矛盾が一気に噴出した反面、米ソ冷戦体制という経済ブロック化が強固なため、各国の国内事情は国際経済とはあまり連動していなかった。それだけに域内では米ソの影響力は圧倒的で、中国の動向を除けば世界の大枠は動かし難いものだった。同時に、日本の周辺諸国である韓国・台湾・フィリピンはすべて軍事独裁政権で、中・ソ・朝鮮は社会主義国という対峙状態にあり、外交上の選択肢は極めて限られていたのも確かである。ただつい二五年前まで日本が侵略していた近隣諸国との関係に目を向け、自らの戦争被害とともに加害の事実を直視する歴史認識が求められていた。特に「革命派」を自負する人々に、まず自らに課すべき責任として歴史的事実に向き合うことを華僑青年闘争委員会が提起したし、在日コリアンも求めていた。

この点を確認した上で、当時の岸元首相と統一教会の関係に触れる。六七年夏に文鮮明が初来日して極右派笹川良一、児玉誉士夫と反共団体の設立を議論し、翌年四月岸を加えて「国際勝共連合」を結成して名誉会長に笹川が就任する。その六八～六九年に全国各大学に原理研究会や勝共連合が次々に結成され、中でも長崎大学では国立大学で唯一学生自治会長に選ばれた(彼は現在、日本会議事務総長)。そして彼らは、六九年末の総選挙で岸系の自民党候補の選挙ボランティアに無償で加わり、一部は私設秘書になって募金活動などに従事した。また七〇年五月、来日した文鮮明は日本初の合同結婚式を開催し、二世信者の育成にも力を入れる。七〇年安保に前後して統一教会―勝共連合は極右派との連携を形成し、「扇の要」役を岸―安倍三代が担うシステムを構築し、継承してきたのだ。

こうした動きを背景にした八年近い佐藤政権期とは、前半は日韓条約の締結と「黒い霧」汚職、後半五年は「吉田国葬」と明治維新一〇〇周年の復古的行事に加え、ベトナム反戦と沖縄返還をめぐる対米交渉で終わった。長期政権と見れば安定期だが、内実は様々な課題を先送りし、隠蔽することにも力を注ぎ、強行採決を繰り返す姿は安倍元首相に重なる。彼の大叔父でもあり、岸―安倍三代の系譜にも繋がる佐藤首相の主要業績は日韓条約と沖縄返還と言えるが、当事者には今も禍根が残る。「業績をウソで固めてカネで買った」と言われるノーベル平和賞、韓国の金大中（キム・デジュン）大統領との比較で言えば、「昔日の経済大国」と「今日の文化大国」をどう評価するかだろう。今後、日韓市民社会における歴史的評価が問われる。

七二年七月、佐藤首相の後継者に選出されたのは田中角栄だが、自民党総裁に選ばれた彼が最も恐れたのは江田―美濃部の連合勢力であった。特に七一年四月、美濃部都知事の再選時は三六〇万票以上を獲得して自民党候補の元警視総監に圧勝し、個人の得票数としては当時史上最高だった。そこで田中は、①福祉政策、②日中国交正常化、③列島改造計画を重視するが、このうち①と②は美濃部の政策であり、③が彼独自の政策であった。こうして彼は、停滞していた佐藤政権時の自民党を変える「ブルドーザー」役を担うことになる。

3．韓国の動向

この時期は朴正煕政権一八年の中期にあたり、強権政治と日韓癒着を背景にした「輸出主導」型の経済成長を推進して政権基盤を固めた。また、ベトナム派兵を通じて米国から多額の外資を導入するなど、米・日の影響下で東アジア最強の「反共国家」という役割を担っていく。

日韓条約後、米国の援助に依存していた韓国経済は日本からの資金導入により急激に変化した。国家予算に占める米国援助の割合は六一年の39％から六六年には25％、七〇年には5％へ、軍事費に占める割合は六一年の95％から六六年は64％、七〇年には16％へと急落した。代わりに輸出額は六四年の一億ドルから七〇年は一〇億ドル、七三年は三三億ドルへと急増した。工業生産力も急成長し、繊維を中心にした軽工業部門の伸びが著しかった。

ただ、この輸出中心の工業化は低賃金で苛酷な労働を国民に強いる一方で、財閥などの特権層に富を集中させた。そして七三年には、輸出入ともに日本が最大の貿易相手国になり、慢性的に貿易赤字を拡大させて対日従属の貿易構造に組み込まれた。こうした急速な経済成長は「漢江の奇跡」と言われたが、そこには満州国の計画経済プランが下

1970 年 11 月、全泰壹の葬儀で息子の遺影を抱きしめて嗚咽する母親の李小仙さん。韓国労働運動史における全泰壹の歴史的意義に鑑み、2019 年 3 月ソウルに「全泰壹記念館」が開館している。

敷きにあり、それを実行した岸信介らの「満州人脈」の影響が大きかった。この日韓癒着の経済構造は、六〇年代末のソウル地下鉄工事と京釜高速道路の建設などのインフラ整備が進むとともに本格化した。

ただ、その過程では権力者の腐敗が進む一方、無権利状態に置かれた国民の抵抗が広がる。その発端として知られるのが、七〇年五月金芝河の詩「五賊」の発表と一一月ソウル平和市場の裁断工・全泰壹の焼身自殺である。前者は特権層の腐敗を痛烈に批判した長詩であり、後者は劣悪な労働条件の改善を訴え、労働者生存闘争の先駆として今も語り継がれる。後に人権弁護士の先駆となった趙英来は、『全泰壹評伝』を書いて労働者の闘いの意義を普及させ、友人金芝河の詩作にも関与した。彼らの熱い思いは七〇年代民主化闘争の火種となり、学生・青年の抵抗運動は知識人や政治家を動かし、社会全体にも影響を与えていく。

この七〇年、野党の新民党は「四〇代旗手論」を掲げる金泳三と金大中が予備選を行ない、党大会で金大中が逆転勝利する。そして、七一年四月の大統領選挙で金大中は大胆にも三段階の「南北平和統一案」を提起し、不正がなければ当選したと言われるほどの旋風を巻き起こした。この大統領選と翌月の総選挙では民衆の生活向上と政治参加を求める声が噴出し、金大中と新民党は正面から政権批判を展開した。この大統領選と総選挙の結果から金大中の平和統一案に脅威を感じた朴正熙は、彼を「アカ」と断じて徹底的な弾圧と殺害まで試みた（この大統領選時は交通事故で大ケガをし、七三年拉致事件と八〇年死刑判決など）。しかし、政権批判の自由と民主化を求める国民の声は高まりを見せる。そして、彼らが言論中心に非暴力・平和運動を展開すると、これを封じる手だては弾圧強化しかなく、七一年一〇月に衛戍令、一二月に国家保衛法を制定して軍事独裁体制を準備していく。

ただ、この時期に朝鮮半島をとりまく東アジア情勢は激動期を迎え、米ソ冷戦下における南北分断体制は複雑な動きを見せる。その要因は中国の影響力の拡大にあり、七一年秋の国連総会では中国の国連加盟が正式に認められ、翌七二年二月ニクソン訪中による米中和解へと時代は動く。こうした世界的潮流の渦中で、七月南北両政府は独立運動の精神を想起させ、「自主的・平和的・民族団結」の三原則を掲げる七・四共同声明を急いで発表する。この声明に接した南北双方の国民は、熱烈に歓迎して民族統一への期待を一挙に膨らませたが、南北両政府ともむしろ独裁体制の強化に向けて、この声明を悪用した。

＊国際勝共連合の結成

岸政権下の五九年、統一教会は日本での活動を開始する。その後、韓国では軍事クーデターで朴正熙政権が成立し、日本では安保闘争で岸首相が辞任して池田政権が成立した。岸―安倍三代と統一教会との関係は、岸の私邸の隣に統一教会日本本部が設立された六四年に始まる。同年秋、池田首相が入院して岸の実弟・佐藤栄作が首相になり、ベトナム戦争の本格化に備える米国の意向に沿って日韓条約が締結される。この過程での裏話は多岐にわたるが、朴大統領と岸元首相、その腹心・椎名外相という満州人脈の役割が決定的だった。彼らは日本の植民地支配を正当化する反共組織の結成を目指し、六八年春国際勝共連合を結成する。発足時の会長は笹川、名誉総裁は岸が務め、その実働部隊は統一教会の学生組織である原理研究会が担った。彼らは各大学で左派系の学生運動に対抗する勢力として重用され、勝共系自民党議員の選挙支援にボランティアで参加した。彼らの主敵は朝鮮と中国で、学生運動内でも特に親中派を敵視していたが、ニクソン訪中に続いて田中首相までが訪中し、周恩来首相との直接交渉により一気に日中国交正常化が実現すると、彼らの活動もいろいろな意味で困難に直面した。

◆関連書籍

①新崎盛暉『沖縄現代史』（岩波新書、1996 年）

②松島泰勝『琉球独立宣言』（講談社文庫、2015 年）

沖縄返還協定以前の資料として新崎盛暉『ドキュメント沖縄闘争』(亜紀書房、1969 年)があるが、①では、その後 90 年代半ばまでの沖縄での「平和・人権・自立を求める闘い」を描く。特に 95 年秋、米兵による少女暴行事件が報道されて、復帰後の沖縄をめぐる諸矛盾が噴出する中、沖縄民衆の「日米安保体制との闘い」は米軍基地の移設に焦点を当てながら「本土の沖縄差別」を告発する。その後 30 年近く、今も辺野古基地の建設阻止闘争が継続する沖縄では、「独立」も含めた自立への闘いが広がる。本土で生きる琉球人として著者は、②の刊行後に「実現可能な独立への道」を模索して東アジア全体の平和を思い、韓国市民社会との戦略的提携も考え始めている。

＊七〇年安保闘争と沖縄返還協定

六〇年安保闘争と七〇年安保闘争、この一〇年間に日本内外を取りまく情勢は大きく変化した。特にベトナム戦争により、日本経済は「朝鮮特需」と似た好景気で高度経済成長の最中にあった。だが、沖縄では米軍統治下で人々の苦難の歴史が続き、六〇年代には「本土復帰」という形で自己決定権を求める闘いが展開された。特に六〇年代末、世界的なベトナム反戦運動とも連携する七〇年安保・沖縄闘争として高揚した。沖縄では六九年「二・四ゼネスト」でベトナム反戦運動が高まり、全国でも一一月佐藤訪米阻止闘争へと続く。ただ、七〇年六月に安保条約が自動延長された後、日米両政府の主導により七一年六月に沖縄返還協定が締結され、一一月の国会批准を経て翌年五月に発効し、米軍の沖縄統治は終了した。この過程では「核抜き本土並み」の返還と核を「持たず、作らず、持ち込ませず」の非核三原則が強調されたが、秘密協定が締結されたことで実態は骨抜きにされた。特に「本土並み」とは、沖縄の立場では「米軍基地が本土並みに縮小される」ことだった。だが、日本政府は「自衛隊を本土並みに配置した上で、本土の米軍基地を沖縄に移転させる」という二重の軍事負担を負わせることを意味して今日に至っている。

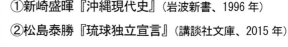

3. 自民党内の派閥抗争（一九七二年秋〜八〇年春）

1. 国際情勢

一九七二年一一月、米大統領選でニクソンは再選され、翌年一月ベトナム和平協定を結ぶ頃、国際通貨危機が再燃する。特に七二年末に東西ドイツ基本条約を結んだ西ドイツ以外のEC諸国は翌年初めに為替市場を一時閉鎖し、共同で変動相場制に移行してスミソニアン体制は一年余りで崩壊した。この七三年、春には再選時の盗聴事件でニクソンが苦境に立ち、八月に金大中が東京から拉致される事件があった。九月東西ドイツの国連加盟と非同盟諸国首脳会議の後、一〇月には第四次中東戦争が勃発してアラブ諸国の石油戦略で物価が高騰するなど政治・経済危機が頻発した。こうした世界的混乱の中、東アジアでは中国の内乱状態が収束に向かうが、朝鮮半島の南北は強権的な独裁政治が強まり、日本は東南アジアでの反日デモに直面する。この頃、エコノミック・アニマルと嘲笑された日本人はむしろ経済中心の傾向をさらに強め、八〇年代には世界第二位の経済大国へと上りつめる。

七五年春、サイゴン陥落によりベトナム戦争は終わり、多くの難民が周辺国や米国をめざした。だが、日本を含む周辺国でボート・ピープルの悲劇が続く一方、先進六カ国首脳会議（サミット）が開かれ、その後の毎年開催を確認した。翌七六年ベトナム統一が宣言される前後、中国では周恩来、朱徳、毛沢東という革命指導者の死が相次ぎ、特に毛の死後には側近四人組の逮捕、追放によって文革はほぼ終結する。ただ、その実態は開始から終結まで定かではなく、一般的には「内乱に近い権力闘争」と言われている。その後の中国は、七八年夏に日中平和友好条約を結び、七九年一月に米国と国交を正常化するが、この過程で鄧小平が実権を掌握して「改革・開放」＝経済成長路線へと大きく舵を切る。その後、三〇年以上に及ぶ驚異的な経済発展により日本を追い越し、米国に次ぐ第二の経済大国へと浮上する基盤を固める。その起点となった時期に、ベトナム

2．日本の動向

この時期は、自民党内の派閥抗争が政治・社会に大きな影響を与えたが、本質的には党人系の田中角栄と官僚出身の福田赳夫による「角福抗争」が基本で、これに経済政策や外交政策が絡んだ路線対立であった。ただ、当時の日本は高度経済成長が一段落した後、ニクソン訪中後に東アジア情勢が激変する中で、経済・外交の進路が問われていた。米国発のロッキード事件で田中が失脚した後、三木・福田・大平政権が約二年ごとに交代した背景にはこうした米国との関係をめぐる路線の違いがあった。

七二年七月、田中首相は就任直後に「日本列島改造懇談会」を設け、八月にハワイでニクソンと会談して中国訪問への準備を本格化し、九月末には大平外相と北京を訪問する。その伏線は前年七月のキッシンジャー訪中、一〇月中国の国連加盟、一一月美濃部都知事の訪中（同年一〇月には平壌訪問という独自外交）時の「保利書簡」、二月ニクソン訪中と続いたが、この田中訪中は米国の意表を突く外交方針の転換だった。戦後日本の首相で米国の機先を制して独自外交を展開したのは田中だけで、特にキッシンジャーを激怒させ、田中失脚の主因となるロッキード事件がポルポト派独裁体制を倒すためカンボジアに侵攻すると、中国はベトナムとの間で国境紛争を起こす。このように東南アジアは、ベトナム戦争の終結後にむしろ複雑化した面もあったが、結局中国も近隣地域の安定化を選択して経済発展に力を入れる。その最大の協力者は日本であり、東アジアの平和共存にも寄与した。

その頃、第四次中東戦争後のアラブ諸国の中ではエジプトがイスラエルとの和平を推進し、七八年九月米国を入れた三国会談で中東和平に動き出す。一方、同年末にイランで革命が起こってパーレビ国王は国外追放され、フランスに亡命していたホメイニ師が帰国して実権を掌握する。そして一一月、首都テヘランの米大使館で人質占拠事件が起き、ここが反米闘争の拠点となったため、カーター政権の中東政策は大打撃を受けた。その後、イスラム共和国憲法が制定され、イラン・イラク戦争が起きても占拠は続き、イスラエル中心に利害関係が錯綜する中東での外交に失敗して行き詰まり、八〇年秋の大統領選で惨敗した。七七年に就任したカーターは、「人権外交」を掲げて東アジア諸国に大きな影響を与えたが、特に韓国関連は「コリア・ゲート」という統一教会による米政界への様々な政治工作が暴露され、この問題をめぐる聴聞会が何度も開かれた。

は米国発であった。ともあれ、この訪中時に田中は周恩来首相との間に信頼関係を築き、一気に日中国交正常化を実現させた。その背景には、ニクソン訪中後に東アジア情勢が激変しており、田中は戦時下での中国体験もあって好意とともに贖罪意識をもち、周首相も文革の渦中で米国に次いで日本との関係改善を望んでいた事情がある。

日中関係が激変する中、韓国の野党党首金大中が東京で拉致される。この事件には在日韓国大使館や統一教会も関与し、白昼下の拉致という主権侵害に加え、米国の指示で殺害を免れるなど米―日―韓の権力構造も暴露された。さらに翌年八月に狙撃事件も起きて朴大統領の夫人が殺害されたが、この事件も真相は未解明のまま田中政権との金銭授受による「政治解決」が図られた。当時、ヒロポン・麻薬の浸透など「闇世界の日韓関係」も隆盛を極めた。

結局、七〇年代の韓国民主化闘争とはほぼ無縁に日本社会は推移し、七四年秋に田中金脈が暴露されて政権は崩壊、三木政権が誕生して約一年後の七六年二月米上院外交委員会でロッキード事件が発覚する。その後、この事件は日米政財界を巻き込んだ大型疑獄事件に発展し、日本では極右派政商の児玉誉士夫、小佐野賢治と全日空関係者などが逮捕され、七月には田中元首相まで逮捕された。この七六年は国民には人気のある三木政権の退陣工作をめぐって自民党内では派閥抗争が激化した。特に、「三角大福」（三木武夫、田中角栄、大平正芳、福田赳夫）と呼ばれる派閥領袖間の権力闘争は党内外に様々な影響を与え、党分裂の様相を呈した。結局、年末の総選挙で自民党は大敗して辛うじて過半数に達するにとどまり、三木首相は責任をとって辞任、福田政権が成立する。

ところで、この田中―三木政権期に田中金脈をめぐる派閥抗争の裏で、日本の独自外交による経済成長という面もあり、公害などで高度成長が終息した後も一定の成果を上げていた。七三年一月米中・日中関係の急展開とともにベトナム和平協定が調印され、国際通貨危機が再燃してEC諸国は変動相場制に移行し、従前の国際通貨体制は崩壊する。秋に東西ドイツが国連に加盟する一方、アラブ諸国は第四次中東戦争を機に石油戦略を発動させ、日本は資源外交に舵を切る。そして、七四年一月田中は東南アジア諸国を歴訪して経済関係の強化を図り、韓・台・比など近隣の独裁政権とともに米国から自立志向の経済圏の形成に努める。当初、日中関係の改善を進めた田中と三木は金脈問題が表面化して派閥抗争の発端となるが、これには米国の意向も働いていた。田中・三木は政財界を再編しながら、日本なりにアジア中心の経済路線を志向した。そこには新植民地主義的な経済構造の温存を図る側面もあったが、米国は日本の自立外交の動きを警戒した。こうした背景もあり、三木政権期にロッキード事件を暴露して田中復権に打撃を与え、自民党内の派閥抗争を触発して独自外交の芽を摘んだのである。

この前後、米国の主導で七五年一一月にG6サミット（先進国首脳会議）、翌年六月にG7サミット（カナダ参加）が開かれるが、これは欧米による日本の囲い込みをも意味する。その後の福田政権にかけて円高基調で日本経済は国際的地位を強化するが、それは七三年と七九年の世界的な石油危機の中で、アラブ諸国との関係を重視した資源外交の成果でもあった。顧みれば、米ソ冷戦体制の枠内で日本なりの外交路線が国内経済を支えていた（この路線を転換するのは、米ソ冷戦体制の解体期に勃発した九〇年湾岸戦争以降である）。

さて、福田政権が成立した頃、米国では人権外交を掲げたカーター政権が誕生し、朴正熙独裁政権に厳しく対処する。この影響で七〇年代に活発化した米国内の統一教会の違法活動が問題になると、彼らは岸元首相の流れをくむ福田政権の日本で活動を活発化させる。これが霊感商法の始まりであるが、朴政権崩壊後の八〇年代には資金調達のために本格化させて社会問題になった。ただ、福田政権も人命重視の立場から日航ハイジャック事件に対処して人質解放を実現させ、七八年八月に日中平和友好条約に調印するなど善隣友好に努めた。そこでの問題は朴正熙政権との関係で、米国との比較でも韓国民主化闘争には冷淡だったが、その背景には岸元首相の存在があった。結局、福田は自民党内の派閥抗争で大平―田中連合に屈し、現職首相として初めて総裁選に敗北して辞任する。

七八年末に成立した大平政権期は合従連衡が進み、大平―田中派連合と福田派に二分されて派閥抗争が激化した。それでも七九年イラン革命に伴う石油危機の中で経済は安定成長し、春の統一地方選挙でも保守回帰した。ただ、歴史的にも経済関係が深い韓国では独裁が極限化し、秋に朴大統領が暗殺されて社会情勢は流動化する。そして、翌春には民主化が進みかけたが、五月光州での民主抗争への弾圧を機に軍事独裁政権が再登場する。当時はソ連のアフガン侵攻直後で、在韓米軍は現地の判断でこの過程に関与したと思われ、日本もこれを側面支援して東アジア情勢は緊迫した。そんな時期に日本では衆参同時選挙が行われ、その最中に大平首相が急死して自民党は圧勝した。

＊七〇年代自民党内の派閥抗争

自民党内の派閥抗争の最盛期は七〇年代だが、こうした事態が起きた背景には主に三つの要因がある。その第一は、田中角栄が一気に日中国交正常化を実現させたことが米国に警戒心を抱かせ、ロッキード事件をリークして彼の「金権政治」の実態が暴露されたことが大きい。第二に、「三角大福」と称されたが、田中以外は明治末生まれで戦後政治の実力者四人（三木・田中・大平・福田）が並立し、それを中選挙区制という政治システムが支えていた。第三に、六〇年代以降の経済成長により、その弊害である環境破壊も表面化する一方、日中間の国交正常化により、戦後日本の政治・社会・外交が転換期を迎えていた。この四人を簡単に類別すれば、三木と田中は党人系で脱米傾向ながら清廉と金権が違い、大平と福田は官僚系で親米傾向ながら護憲と改憲で相違した。また、統一教会・勝共連合が接近したのは岸派の流れをくむ福田派で朴正熙政権とも親しく、田中派は金権政治が接点になった。端的には金大中拉致事件の政治解決に金銭が介在し、後に露見して失脚を決定づけた。日本の政治家では珍しいクリスチャンの大平は、盟友である田中と提携して党主流を形成するが、首相就任から一年半後の八〇年五月に急死した。

3．韓国の動向

この時期は朴正熙政権一八年の末期にあたり、「維新体制」と呼ばれる軍部独裁体制を確立して民主勢力を徹底的に弾圧した。ただ、極端な独裁体制は民主化闘争を支援する国際的なネットワークを生みだし、経済発展にもむしろマイナスに作用した。そして、民衆蜂起の寸前で朴は部下の銃弾に倒れて政権は崩壊するが、多少の民主化後、軍部内の後継者が再び登場して独裁政治を継承する。

七二年一〇月、朴正熙政権は非常戒厳令を発して国会を解散、明治維新にならって近代化を推進するという意味で「維新憲法」を公布して独裁体制を確立する。これは事実上の第二クーデターで、金大中が主張した平和統一を推進するとの名分で、批判勢力を一切排除して独裁を強化した。このため、民主化を要求する国民の声が高まる一方、これを暴力的に弾圧するという悪循環が繰り返された。具体的には、七三年八月東京に滞在中の金大中を拉致して国内に連れ戻した金大中事件があり、隣国で野党指導者を白昼に拉致したため日韓関係はかなり緊張したが、韓国政府は強引な政治決着を押し通した。その後、反独裁デモや改憲請願署名運動などの非暴力・民主化運動が各界各層で起きる

1976 年 3 月「民主救国宣言」が発せられた明洞聖堂（撮影　谷野隆）

と、七四年「民青学連事件」や大統領狙撃事件、七五年には「留学生スパイ団事件」などの強硬策を連発した。

そんな中で七六年、民主化運動団体は三・一独立運動記念集会を緊急開催し、「民主救国宣言」を発した。この宣言は三・一独立運動と四月革命の精神に基づき、民主主義の基盤に立つ経済立国と民族統一を課題に掲げた。また、「正義が実現され、人権が保障される平和な国民として」国際社会で堂々と生きることを宣言した。その署名者の金大中や政党・宗教界の指導者は逮捕されて裁判にかけられるが、この事件を機に在野人士と政治家、カトリックとプロテスタント、韓国と世界の教会間の連帯が強化され、朴正煕政権は苦境に追い込まれる。特に、同年秋の米大統領選挙で勝利したカーター政権は「人権外交」を展開し、米国内での統一教会の不法行為を摘発した「コリア・ゲート事件」は朴政権に大打撃を与えた。関連して日本国内でも統一教会の活動が注目されたが、組織暴力団に政府要人が加わった麻薬組織の実態などは闇に包まれていた。

さて、七九年の三・一独立運動六〇周年時にも再び「民主救国宣言」が発せられ、民主化を求める野党・民主団体に加えて労働者の動きも活発で、労働争議が頻発して社会全般に活気が感じられた。そして一〇月、民主回復を掲げて野党総裁に就任した金泳三が国会議員を除名される事件が起きると、彼の支持基盤である釜山・馬山一帯では抗議する民衆デモと警官隊が衝突して「釜馬抗争」へと発展した。これに対し、激怒した朴大統領は軍隊による武力鎮圧を準備させたが、彼らの秘密宴会の席上、直属の部下だった金載圭（キム・ジェギュ）中央情報部長が朴大統領を射殺し、軍事独裁政権一八年は一瞬にして崩壊した。それは、伊藤博文暗殺から七〇周年当日であった。朴大統領が暗殺されると、崔圭夏首相が大統領に就任したが、米国と民衆の動向とともに、軍部の実権を誰が握るかが焦点だった。

結局、一二月一二日全斗煥（チョン・ドゥファン）保安（憲兵隊）司令官が軍内部でクーデターを起こし、上官の鄭昇和参謀総長を解任して軍部の実権を握る。当時、カーター大統領の人権外交が韓国を揺るがす一方、イラン革命とソ連のアフガニスタン侵攻で米ソは一触即発の危機を孕んでいた。顧みれば、その間隙をぬって朴正熙直系の強硬派が独裁政権を樹立する基盤が存在しており、〝ソウルの春〟と呼ばれた韓国の民主化は重大な岐路に直面していた。そして八〇年五月「光州事件」を機にして、親米派の新軍部による強権的な支配は全土に及び、約半年後にレーガン政権は金大中の助命を条件に全斗煥大統領を承認した。

＊朴正熙維新体制と統一教会・勝共連合

七二年一〇月、朴正熙政権は非常戒厳令を発して国会を解散、明治維新にならって近代化を推進するとして維新憲法を公布して独裁体制を確立する。前年の大統領選で金大中が主張した平和統一をめざすとの名分で、批判勢力を排除して独裁を強化した。そのため、民主化を求める国民の声が高まる一方、これを暴力的に弾圧するため金大中事件、民青学連事件、留学生スパイ団事件など不可解な事件が相次いだ（近年の再審により大半の事件で無罪が確定）。これに合わせ、統一教会・勝共連合はＫＣＩＡ（韓国中央情報部）と協力して日本での違法活動を続け、霊感商法という悪質な販売方法により壺や印鑑を高額で買わせて社会的非難の対象となった。なお、当時の自民党は田中派と福田派を中心に派閥抗争期であったが、岸・笹川の人脈で通じる福田派とが最も親しかった。そこで福田政権に期待したが、韓国での朴政権の苦境と米国ではコリア・ゲート追及が本格化し、むしろ苦境に陥った。それでも朴政権の崩壊後に全斗煥が全権を掌握し、米国ではレーガン政権、日本では中曽根政権など反共的な保守政権が続いた。そのため何とか大打撃は免れ、その後も全斗煥政権と協力して活動を保障されるなど、権力の庇護によって命脈を保った。

◆関連書籍

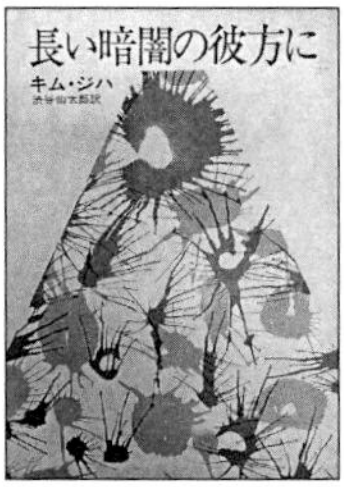

①金芝河詩集『長い暗闇の彼方に』
（渋谷仙太郎 訳　中央公論社　1971 年）

②李哲『長東日誌』（東方出版、2021 年）

①は、70 年代韓国民主化闘争を日本に伝える先駆となった詩集で、三島由紀夫の死を「どうってことあねえよ/朝鮮野郎の血を吸って咲く菊の花さ」という冒頭の一句が強烈な印象を残し、私の「韓国への旅」が始まった。次いで、金大中拉致事件後はT・K生『韓国からの通信』Ⅰ～Ⅳ（岩波新書、1974～80 年）に多くを学び、90 年には在韓生活を始めた。当時、「従軍慰安婦」問題を契機に日本の植民地支配の実態が暴露される中、前2書の著者や訳者の限界も露呈し、そこからの教訓も得た。逆に②は、軍政下で死刑宣告を受けた在日コリアンが無罪釈放され、名誉回復されるまでの闘いの記録・獄中記であり、同時に著者夫妻を中心にした日韓両国の支援者による民主化闘争の記録でもある。

＊金大中拉致事件と留学生スパイ団事件

七三年八月に起きた金大中拉致事件は、日中国交正常化後の日韓関係の裏側の実態を象徴する事件だった。白昼に都心のホテルから隣国の政治指導者が拉致されたこの事件をめぐり様々な憶測が乱れ飛んだが、数日後にソウル自宅近くで憔悴した彼が発見され、最悪の事態は回避された。その後、日本政府は原状回復を求めたが、彼は自宅軟禁の状態に置かれ、日本での議論も二分される。一方は日本の「主権侵害」に重きを置き、他方は彼への「人権侵害」と韓国社会の民主化に重きを置いた。結局、日本政府は前者の立場から金大中の人権を軽視して政治的妥協を図った。それは後の「光州事件」時にも、八七年民主抗争時にも尾を引き、彼が大統領になった後でもその一部しか明らかにできなかった。その上、これは「失敗した」拉致事件であり、当時何人かの在日コリアンが失踪し、また七五年には留学生スパイ団事件がでっち上げられた。つまり、当時民主化運動に賛同する在日コリアンの動向は絶えず監視され、日常的な恐怖政治下に置かれていたことがわかる。ただ、こうした現実を日本人一般が知る由もなく、韓国民主化闘争への連帯を志向していた人々の間でもほとんど話題にはならなかった。

4. 冷戦激化から脱冷戦へ（一九八〇年春～八七年秋）

1. 国際情勢

一九七九年一一月テヘランでの米国大使館占拠・人質事件に次いで、一二月ソ連軍がアフガニスタンに侵攻したのを機に、米ソ関係は急速に悪化した。結果的に、このアフガン侵攻がソ連崩壊への導火線となるが、当時は前年のアフガン革命で人民革命党が政権を握ったが、イスラム勢力の反乱で政権崩壊が迫ってソ連に助けを求めたことに始まる。ソ連でも軍事介入には不安があったが、世界最貧国レベルながら地政学的な要衝であるアフガンへの侵攻を強行した。だが、経済制裁に加えてモスクワ・オリンピック不参加などで世界的な非難を浴び、特に米国ではイランに次ぐアフガンでの政権交代が強硬派を結集させ、八〇年大統領選では保守派のレーガン共和党政権が成立する。

八一年初のレーガン政権発足時、金大中の死刑停止を条件にして全斗煥政権を承認し、経済協力をテコにした日韓関係の安定化を促す。その過程で起きたのが日本の歴史教科書問題で、中国・韓国など東アジア各国民衆の反日運動が高揚し、政府間での調整も難しい局面を迎える。結局、八四年九月の全斗煥訪日を前後して日韓関係は経済協力を深めるが、その間に金大中の米国亡命の他、ソ連軍の大韓航空機撃墜事件、ラングーンでの爆発事件などの突発事態が次々に起きている。

なお、八三年八月米国亡命から帰国したフィリピンの野党指導者アキノの暗殺事件がマニラ空港で起きている。それでも帰国を望む金大中は八五年二月に帰国を強行し、この頃から韓国の民主勢力は態勢を整えながら軍事独裁政権の打倒を共通目標にする。また、この八〇年代はアラブ諸国の石油戦略が最も効果を発揮した時期で、石油価格が上下すると欧米諸国の経済状況は大きく変動した。そうした中では比較的安定していた日本は中東地域では植民地支配の歴史がないため、アラブ諸国との関係も良好で、イランも含めて経済的利害を調整することができた。

＊ゴルバチョフ政権の成立前後

米ソ冷戦体制から脱却する動きが始まったのはソ連・東欧圏だが、それは皮肉にも七九年末アフガニスタン侵攻の失敗に起因する。当時、六四年以来続くブレジネフ政権は老齢化が進み、八〇年末コスイギン首相が死んで限界を迎える。また、アフガン侵攻は長期化して苦戦を重ねる中、東欧圏ではポーランドを中心に民主化の動きが広がる。八一年末、同国では戒厳令が布告されて民主労組「連帯」の指導者ワレサが逮捕されたが、連帯運動はむしろ強まった。そして八二年夏、反軍政デモが広がる中で古参幹部ゴムルカが死に、一〇月新労働組合法と農民組織法が制定された。すると、その年末と年始にソ連ではブレジネフとボドゴルヌイが相次いで死に、アンドロポフが書記長に就任したが、八四年二月に彼も急死した。さらに、その後継者チェルネンコ書記長も一年余りで亡くなってしまい、八五年三月、五四歳のゴルバチョフが書記長に就任する。そして一年、翌年四月に起きたのがチェルノブイリ原発事故である。以前の政権なら極秘扱いにされた事故も被害の甚大さに加え、「グラスノスチ＝情報公開」を掲げたゴルバチョフ政権によって国際社会に公開され、当時では最大規模の衝撃を世界に与えた。

2．日本の動向

この時期は、初期二年が鈴木政権、中・後期五年が中曽根政権である。いずれも田中元首相が支持して成立した政権だが、中曽根政権後半期は田中が入院したため実権は中曽根が掌握した。これに前後して日本経済は絶頂期を迎え、いわゆるバブル経済と民営化の波が社会全体を覆った。特に国鉄の分割・民営化をめぐる強権的手法は、社会的基盤を切り崩す影響を次世代に及ぼした。

八〇年五月半ば、韓国では光州民主抗争の最中、日本の国会では社会党が提出した大平内閣不信任案が可決、成立して解散、初の衆参同日選挙へと突入した。しかもその直後、選挙遊説中に大平首相が急病で倒れ、投票日直前に急死した。そのため、派閥抗争で分裂寸前だった自民党は息を吹き返して二八四議席（社会党一〇七議席、公明・民社・共産各三〇議席前後）と圧勝し、参議院でも過半数を大きく上回った。このため政局は自民党主導へと反転するが、大平を継いだ鈴木善幸は想定外の首相職で準備不足を露呈させる。だが、官僚組織の強固さで世界的な石油危機を乗り切り、内政・外交とも無難にこなした。しかし八二年夏、教科書の記述を「侵略から進出」に変えたことが国際的に暴露され、韓国・中国から激しい抗議が寄せられて一気に外交問題化した。それは日中平和友好条約などで近隣関係が一段落する中、日本政府の本音が露呈したもので、近代の侵略に対する反省と認識不足が厳しく追及された。一一月に進退窮まった鈴木は首相辞任を表明し、田中の支援を受けた反共・強硬派の中曽根が首相に就任した。その二カ月後、訪韓して全斗煥との首脳会談で独裁政権を認知する一方、教科書問題での妥協を取りつけた。一方、中国には経済支援を強化して同問題を沈静化させた。

この間、韓国では同じ軍事独裁政権でも満州国軍系の朴正熙から米国士官学校系の全斗煥に変わり、資金調達が必要になった統一教会は日本での霊感商法を強化する。八二年韓国での合同結婚式に岸信介は祝賀メッセージを送る一方、八三年一〇月『世界日報』事件では教会色を自制した日本版編集局長は除名され、彼が翌夏『文芸春秋』で霊感商法マニュアルを暴露すると襲撃されて重傷を負った。それでも岸や笹川は、当時米国での違法活動で獄中にあった文鮮明の嘆願書をレーガン大統領に送り、後に文の釈放に貢献して絆を深めたという。こうした動きから、「米ソ新冷戦」と言われた時代状況の下、岸―文の緊密な関係が確認できるが、反共・強硬派を任じた中曽根―レーガン政権という後ろ盾もあった。

この八三年秋、サハリン沖で大韓航空機撃墜事件が、ラングーンで全斗煥暗殺未遂事件が起きる中、レーガン大統領に次いで胡耀邦総書記が来日した。そして翌年九月全斗煥大統領が来日すると、昭和天皇は「戦前の統治期間に遺憾の意」を表明した。当時、日・米両国は全斗煥政権のような独裁体制でも認めてソ連・朝鮮と対決する道を選び、中曽根首相は「不沈空母・日本」を自負した。つまり、韓国・朝鮮を最前線とする米ソ対立の激化に後方基地として日本を置き（後に「拉致問題」の要因）、対決姿勢を明確にして改憲を企てるため全斗煥の九月訪日を公表していた。この積極的な中曽根外交の背景として、電信・電話やたばこ専売など公営企業の民営化で財源を確保し、円高基調で好調な日本経済に対する自負がうかがえた。その端的な例が首相以下の閣僚の靖国参拝だったが、戦後四〇年にあたる八五年八月にも公式参拝すると、中・韓など近隣国に加えて米国からも厳しい批判を浴びた。結局、教科書問題の時と同様、近隣諸国とともに米国からも批判され、その後は公式参拝を見送らざるを得なくなった。

当時の日本は、相次ぐ戦争で疲弊した米国に対して、特に鉄鋼・家電・自動車などの分野で圧倒し、米国市場を席巻して貿易黒字を急拡大させた。対する米国はプラザ合意により円高ドル安へと誘導するとともに、日本に対して市場開放を迫った。こうして日米貿易摩擦が激化するが、中曽根政権は十分な対策や補償を検討することなく目先の利害から民営化を強行し、公的支援や労働組合を骨抜きにして生活基盤を切り崩した。

その典型が国鉄をJR六社に分割した民営化で、新幹線がないために経営基盤が弱い北海道・四国を切り捨てて過疎化させ、三大都市圏を過密化させた。また、特に公務員労組の中心をなした全国組織の国労を解体して総評系組合に大打撃を与えることも政府の狙いだった。実際に、その後の労働運動は急速に体制内化し、彼らを基盤にしていた社会党なども九〇年代にかけて衰退していく。

こうした日本国内の動きとも連動させながら、米国は対日経済措置を通じて新自由主義を強要し、「レーガン―中曽根」関係をテコにして日本の対米従属化を推し進めた。それは極めて巧妙な経済戦略でもあり、米ソ冷戦体制を脱冷戦化へと進める一方、域内で相対的自立を志向していた日本（とEU）の芽を摘もうとした。

また、冷戦の解体過程で注目すべきは、八六年四月に起きたチェルノブイリ原発事故である。本来は世界的規模での支援と対策が必要だったが、すべての責任と対策はソ連に委ねられた。この原発事故の衝撃的な実態は日本にも伝わり、一時は原発反対運動が高揚したが、やがて米ソ冷戦体制の解体に世界的関心が集まった。そのため、体制間の優劣を背景とした「初歩的なミスによる事故」と矮小化され、構造的欠陥という問題は隠蔽されてしまった。

この中曽根政権末期の八七年八月、岸元首相が九〇歳で亡くなるが、この二人は戦前の帝国官僚と軍人ながら戦後は米国と緊密な関係を結び、自民党結成時の綱領に定めた「自主憲法制定」を生涯の目標とした。また、米ソ冷戦体制下で米・日・韓の三国による位階的かつ安定的な反共体制の構築を目指し、そのモデルを満州国に求めた。そして、六〇年代の岸は佐藤政権の裏方として日韓条約体制を確立し、八〇年代の中曽根は日中友好により対米自立を志向した田中の支援で首相になった後、日本を対米従属へと回帰させた。それは一見華やかなバブル経済の裏で進行し、自発的に農村から都市に移動した六〇年代までとは異なり、過疎農村と過密都市の生活基盤を崩壊させる出発点となった。大企業や官公労を中心にした終身雇用制は合理化や民営化を通じて解体され始め、後に派遣労働が増大して中間搾取と不安定な雇用形態が広がっていく。

韓国・光州市にある国立5・18民主墓地。民主抗争追慕塔の背後には犠牲者の墓碑が並ぶ。
（撮影　谷野隆）

3．韓国の動向

この時期は全斗煥政権期にあたり、その成立と崩壊への過程に重なる。それはソウル・オリンピックを意識して急速に国際化する過程でもあり、末期には米ソ冷戦体制の解体に先駆けて民主化の波が急速に押しよせた。

八〇年四月、軍の実権を掌握した全斗煥保安（憲兵隊）司令官が中央情報部長代理に就任し、学生・社会団体への統制を強化する。彼らはこれへの反発から戒厳令の撤廃と維新勢力の退陣を要求する街頭デモを五月一三日約三千人で敢行すると、翌日は五万人、一五日には学生一〇万人と市民五万人に急増し、同時に地方都市へと一気に広がった。この動きに脅威を感じた全斗煥は、非常戒厳令を全国に拡大して要所に軍隊を配置し、ソウルでは「三金（金大中・金泳三・金鍾泌）」など政治・社会運動の幹部を次々に逮捕した。そして、これへの抗議活動が噴出すると軍隊を出動させ、特に金大中の支持基盤である光州市には空挺部隊が投入された。結局二七日、戒厳軍は武力鎮圧を強行して道庁内に留まっていた多数の市民の決死隊員を殺害した。この「光州事件」（今は光州民主抗争）の死者は政府発表で二〇〇余名だが、実際は二千名近いと見られる。その一方、こうした弾圧と不正・腐敗に抗する民主勢力の拡大・発展もこの時期の特徴である。光州民主抗争後の民主化運動は理論・組織面で民衆の政治勢力化を図り、広範な連合戦線の形成に努力する。特に労働者・農民など民衆の政治的自覚の高まりは各地で自主的な組織の結成を促し、民族文化を見直す民衆文化運動の流れとともに成長していく。

結局、八四年九月全斗煥訪日によって中曽根政権と同盟関係を構築したが、この過程で「国民和合」を掲げて活動家の特赦など民主勢力との妥協にも迫られ、大学などに復帰した彼らが活動を再開する基盤が生じた。その後、オリンピックに向けて国際世論の動向を意識する政権の弱みもあって政界にも変化が生じる。具体的には八五年二月の総選挙の際、自宅軟禁下で断食闘争を行なった金泳三と、米国亡命から帰国した金大中が協力する新たな政治勢力が、「選挙革命」と言われるほどの成果を上げて第一野党になり、政権批判の核が形成される。

八七年四月、全斗煥政権は特別談話で護憲、つまり軍事政権の継続を鮮明にした。これに抗し、五月初めに金泳三系と金大中系の議員は統一民主党を結成して、①軍部独裁の終結、②大統領直選制への改憲、③文民統治の確立を党綱領に掲げ、両金氏を核にして在野民主勢力との大連合を明示する。五月末、彼らは「民主憲法争取国民運動本部」を発足させて軍事政権の打倒を目指し、全国各地で統一組織を結成して全斗煥政権の退陣闘争を本格化させる。

六月一〇日、全国一八都市で同時多発的に大規模な集会・デモを敢行し、特にソウルでは、前日催涙弾の直撃で致命傷を負った李韓烈を胸に刻んだ学生が明洞聖堂で座り込み闘争に突入すると市民の激励と支持が殺到した。一八日は全国一四都市で計二四万人が参加し、軍出動の気配を察知した国民運動本部は「国民平和大行進」を提起、二六日には三三都市で一〇〇万人規模の大行進を実現させる。この約二〇日間でデモ参加者は延五〇〇万人に達し、三・一独立運動を上回る規模の大闘争に発展した。

この広範な民主化闘争に圧倒された政権は、全斗煥と協議した盧泰愚が「六・二九宣言」を発表して時局収拾を図った。その内容は、①大統領直選制への改憲、②金大中らの赦免・復権、③言論統制の撤廃、④政治活動の自由保障など、民主勢力への譲歩と言える。こうした民衆・市民の広範な決起により全斗煥政権は年内の大統領選挙を約束し、八カ月後の退陣を余儀なくされた。その夏、軍政の縛りから解放された民衆、とりわけ労働者は組合を組織して政治・経済闘争を活発に展開した。

＊光州民主抗争と日韓市民連帯

七九年秋、一八年間続いた朴正煕政権が暗殺により崩壊した後、翌年は〝ソウルの春〟と呼ばれる民主化が期待された、金大中・金泳三・金鍾泌の「三金」が政局を主導すると見られた。だが、朴直属の部下だった全斗煥が再編された軍部を掌握し、中央情報部長代理を兼職して社会全般を統括する地位に就いた。これへの反発と警戒が広がる中、全は先手を打って非常戒厳令を全国に拡大して要所に軍隊を配置し、「三金」などの政治・社会運動の幹部を次々に逮捕した。特に、金大中の支持基盤である光州市には空挺部隊が投入され、平和的なデモや群衆に無差別発砲して市民多数を虐殺した。その現場の生々しい様子がドイツや日本のテレビにより映像として世界に発信されると、これに対する抗議行動とともに市民の連帯運動が日本でも広がった。ただ一方では、当時ソ連のアフガニスタン侵攻を機に高まった「新冷戦」の影響から日米両政府は穏便な形での現状維持を望み、韓国の民主化に慎重な姿勢をとった。それでも、死刑宣告を受けた金大中の救命運動が日・米だけでなく世界的に広がると、翌年就任したレーガン大統領は金大中の米国亡命を交換条件にして全斗煥の大統領就任を認めたという。

＊八七年六月民主抗争と在日コリアン

八七年六月、民主抗争の最初の契機はソウル大生・朴鍾哲拷問致死事件だが、前年に改憲署名運動を推進した民主勢力と野党が連携したことが大きい。彼らは五月初めに統一民主党を結成し、①軍部独裁の終結、②大統領直選制への改憲、③文民統治の確立を掲げ、金泳三と金大中の両氏を中心に在野民主勢力の大連合を提起し、軍事政権との対決姿勢を鮮明にした。そして六月、全国で同時多発的に大規模な集会・デモを敢行し、特にソウル中心部ではネクタイ部隊と言われるサラリーマンが多数参加して注目された。結局、約二〇日間で延べ五〇〇万人が参加し、建国以来で最大規模の大闘争に発展し、これに圧倒された全斗煥政権は「六・二九宣言」を発表して時局収拾を図った。この軍部独裁政権を、野党と民主勢力の連合による民衆・市民の力で打倒した歴史的意義は極めて大きく、ここに韓国市民革命は始まった。ただ、年末の大統領選では民主勢力が分裂して政権交代には失敗したため、この責任を両金氏に課す傾向があった。特に在日コリアンの間ではその傾向が強く、継続的な民主化が進まないことへの失望も広がったが、その背景には在日内部における出身地や政治的な立場の違いも作用していた。

◆関連書籍

①崔昌華『かちとる人権とは』（新幹社、1996年）

②崔善愛『十字架のある風景』（いのちのことば社、2015年）

この2書は、80年代の在日コリアンによる指紋押捺拒否運動の先駆となった父娘の著書である。①の著者の生涯は田中伸尚『行動する預言者　崔昌華』（岩波書店、2014年）に詳しいが、朝鮮戦争後に日本に密航して牧師となり、68年金嬉老事件を機に在日コリアンの人権獲得闘争に生き続けた。特に北九州で娘二人とともに指紋押捺を拒否し、後に拒否者が続出したこともあって全国的に知られた。②の著者はピアニストとして知られ、留学中に「再入国不許可」とされた後、長期にわたる裁判闘争や「天皇恩赦の免訴」の末に永住権を獲得した。その過程での様々なエピソードと、少女時代まで暮らした小倉の原風景と重ね合わせながら日本社会のコリアン差別を告発する。

＊在日コリアンの指紋押捺拒否運動

八〇年一一月、北九州市の牧師親子（崔昌華・崔善恵）は、外国人登録法でコリアンを含む在日外国人の義務とされた指紋押捺を保留し、特に当時一五歳の善恵は翌年一月に登録自体を拒否した。その直後の新聞記者との対話に続き、区役所での担当課長との対話と指紋ナシでの外国人登録証明書の発行が新聞各紙に大きく報道された。この報せは在日外国人はもちろん日本人にも大きな反響を呼び起こし、同年秋までにコリアンだけでなく日系米国人や大韓基督教会の牧師などから賛同者が相次いだ。彼らが大阪で行なった意識調査でも、コリアン中心の外国人だけでなく日本人も含めて80％以上が不快と感じ、人権侵害と見る人も過半数に達した。それでも大半のコリアンは逡巡していたが、ロン・フジヨシやマッキントシュなどのコリアンとの交流が深いキリスト者の拒否運動、また日本人の支援運動もあり、八〇年代半ばに指紋押捺拒否の動きが急速に広がった。そして八五年一〇月、日本弁護士連合会も指紋押捺制度は廃止すべきであり、外国人登録法の改正を要求する方針を決議した。これに民団系コリアンも大挙加わったため、九一年の「日韓法的地位協定」の更新にあたり、二年以内の指紋押捺制度廃止が決定された。

5. 米ソ冷戦体制の解体（一九八七年秋〜九一年末）

1. 国際情勢

八七年春、ゴルバチョフの改革（ペレストロイカ）が本格的に始まり、八八年四月アフガニスタン和平協定が米・ソ中心に調印され、五月ソ連軍が撤退を開始する頃、東欧諸国やバルト三国でも民主化の要求が高まる。八七年一二月にチェコスロバキアでフサークが第一書記を辞任すると、八八年にはハンガリーで政変が起き、翌八九年にはポーランド、東ドイツでも民主化要求が高揚して一一月にベルリンの壁が崩壊する。こうして九〇年一〇月、西ドイツが東を吸収する形での統一が達成される。その後、リトアニアなどのバルト三国も次々に独立し、多民族国家ユーゴスラビアでは民族ごとに国家独立の動きが強まる。九一年夏にはコメコンやワルシャワ条約機構などソ連・東欧圏を支えた経済・軍事連合も完全に解体した。ソ連では、九一年夏に保守派のクーデターが起きた後、ソ連大統領ゴルバチョフはロシア大統領エリツィンに実権を奪われ、同年末にはソ連自体が崩壊して米ソ冷戦体制も解体する。その一方、当時の東アジアは中国で八九年六月に天安門事件が起こって民主派は武力鎮圧される一方、九月ベトナム軍はカンボジアから撤退し、九一年一〇月のカンボジア和平パリ国際会議では最終合意文書が調印された。また西アジアでは、イラク軍がクウェートに侵攻して湾岸危機が勃発し、翌年一〜四月の湾岸戦争では米軍を中心にした多国籍軍がイラク軍を圧倒して領内に押し戻した（一〇余年後の米軍のイラク侵攻への火種となる）。

当時は世界的規模のデタント（緊張緩和）により、アフリカ南部でも平和共存の動きが高まる。特に、九〇年二月にアフリカ民族会議の指導者マンデラが長期間の獄中生活から解放されると、アパルトヘイト（人種差別）への反対運動が活発化し、九一年六月その終結がようやく公式に宣言される。また、これに連動して隣国ナミビアが独立し、アンゴラ内戦も終結する。

＊ドイツ統一と米ソ冷戦体制の解体

八九年にポーランド、東ドイツで民主化運動が高揚し、一一月にはベルリンの壁が崩壊する。そして一二月、ルーマニアのチャウシェスク政権が崩壊し、大統領夫妻は処刑される。一方、移動制限が撤廃された東西ドイツではまず経済統合の交渉が進み、九〇年五月両独経済統合条約が調印され、七月に通貨統合が実現する。そして一〇月、西が東を吸収する形でドイツ統一が達成されて統合ドイツの首都はベルリンとなった。翌九一年一二月のEU首脳会議で欧州連合の創設が本格化し、統合ドイツはその中心国となる。その間、八九年一二月米ソ首脳会談がマルタで開かれ、米ソのデタントは急速に進み、九〇年ソ連は共産党の一党独裁制を放棄して大統領制を導入し、初代大統領にゴルバチョフが就いた。九一年三月にワルシャワ条約機構の軍事部門を廃止し、七月には同条約機構を完全に解体した。また、六月には経済機構のコメコンを解散した。同年八月、こうした急激な体制改革に危機感を共有した共産党内の保守派はクーデターを起こすが、ロシア共和国大統領エリツィンによって早期に鎮圧された。そして、一二月ソ連邦は解体して独立国家共同体（CIS）が創設されるが、その実権はエリツィンに移っていった。

2．日本の動向

この時期は、昭和天皇の死を挟んで竹下政権の二年、次いで宇野政権の二カ月、海部政権の二年三カ月と続く。この間に米ソ冷戦体制が解体し、湾岸戦争では日本の国際的役割が問われたが、経済力に比べて政治力に乏しい日本の実態が暴露された。こうした中、植民地支配の歴史にどう向き合うのかが問われ、右往左往する時代を迎える。

八七年夏から秋、中曽根政権は無風に近い状態にあった。本来、二期四年の任期だった自民党総裁＝首相職だが、八六年七月衆参同日選挙で圧勝した中曽根政権は任期を一年延長して八七年秋に交代期を迎えた。その後継者は竹下登・安倍晋太郎・宮沢喜一の三人が有力で、総裁選挙が実施されるはずだった。だが、七〇年代末の派閥抗争の再来を恐れる自民党内の多数意見は「選挙なしの談合」に傾き、田中に代わって実権を掌握した中曽根首相の裁定に一任され、竹下が後継指名されて両院議員総会で追認された。首相に就任した竹下は、中曽根政権で非主流派だった河本派とも個人的に親しく、党内五大派閥をすべて主流派に取りこみ、五五年結党後で初めての総主流派内閣となった。そして、目玉政策として「ふるさと創生事業」を打ち出し、一律に総額一億円を使途無限定で各自治体に交付した。これの政策は「地方重視」の表れとして反響を呼び、山陰出身の初めての首相として評価を高めた（元来、竹下は田中を師と仰いだが、経世会を創設して対立を深めた）。

一方で「間接税導入」などの税制改革を掲げ、八八年一二月に野党や世論の反対を押し切って消費税導入を柱とする税制改革関連法案を成立させた。また、外交は貿易摩擦の解消に向けて内需拡大と経済機構の改革を重視し、国民には「協力とがまん」を呼びかけた。そして、就任直後のＡＳＥＡＮ（アセアン）首脳会議に始まり、日米首脳会談を経て韓国大統領の就任式への出席、ヨーロッパ四国の訪問、国連軍縮特別総会やトロント・サミットへの出席と活発な首脳外交を展開した。そして、牛肉・オレンジの輸入自由化など貿易摩擦問題の解消に努めたが、税制改革関連法案の審議中に発覚したリクルート事件で閣僚が相次いで辞任した。さらに、消費税導入に対する国民の不満が拡大して内閣支持率は四％にまで低下し、八九年六月竹下首相は退陣に追い込まれた。

実は、この八八年秋から翌春にかけて日本独特の社会現象が起きていた。それは昭和天皇の病状悪化から死に至る過程で歌舞音曲が規制され、特に服喪期間中は服装も含めて自己規制が奨励された。年末・年始の各種行事も制限され、外国人から見たら異様な光景が各地で展開された。この事態をどう見るかは立場によって異なるが、六〇年以上続いた「昭和」という時代に天皇が果たした役割と同時に、天皇制国家への理性的な省察の欠如を露呈させた。

ともあれ、リクルート事件の責任をとって竹下首相が辞任すると、自民党有力者の多くは事件に絡んでいたため身動きがとれなかった。そこで、事件との関連が薄い宇野外相が自民党総裁に抜擢されて首相に就任し、閣僚にも関連が薄い人を優先的に起用して世論の転換を図った。ただ、宇野政権は事実上の「竹下院政」と言われ、竹下派幹部の小沢一郎が首相に諮ることなく勝手に人事を決めた。だが就任間もなく、宇野首相自身の女性問題が週刊誌報道により発覚する。この「首相の女性問題」と「リクルート事件」「消費税導入」の三つにより、翌月の参院選で自民党は過半数を割る結党以来の惨敗を喫し、その責任を取って宇野は投票日翌朝に退陣を表明した。

その直後から自民党は後継者選びに入って最大派閥の竹下派が主導する形で人選が進み、竹下と比較的親しい上に小派閥河本派で強い政治基盤をもたない海部俊樹が浮上する。結局、翌月の総裁選で竹下派の全面支援を得た海部が勝利して首相に就任するが、最初に役員人事で幹事長に小沢を選任し、彼が各派閥の長と連絡を取りながら隣室に待機する首相抜きで組閣を終えたという。その過程は宇野政権の再版と言えたが、首相個人への国民的人気は前任者との比較もあって急上昇し、九〇年二月の総選挙では自民党が圧勝した。

こうして成立した第二次海部政権は日米首脳会談、ヒューストン・サミットをこなし、夏には田中内閣を上回る歴代最高の支持率を記録した。しかし、八月に勃発した湾岸危機に始まり、翌年一月からの湾岸戦争にあたって多国籍軍への支援、海上自衛隊の海外派遣、国連平和維持活動（PKO）協力などで外交方針が揺れ動いた。それには参院野党の強力な反対もあったが、海部政権の国民的な人気を牽制する与党内の空気もあった。そして、本命の政治改革では小選挙区比例代表並立制の導入を法案化したが、野党に加えて与党内の反対も強く廃案になった。これに反発した首相は衆議院解散で事態を打開しようとしたが、竹下派が反対して海部首相は退陣を余儀なくされた。

ところで、こうした自民党政治に対抗した当時の野党指導者として憲法学者出身の土井たか子は傑出した存在だった。八六年七月の衆参同日選挙で惨敗した社会党は石橋委員長が引責辞任し、九月土井副委員長が昇格して委員長に就任したが、彼女は党史上初の女性委員長であり、憲政史上初の女性党首であった。この時社会党は、「新宣言」を発して国民政党への志向を模索しながら、党内における左右対立の克服を課題にしていた。リクルート事件により政治改革が必須となる中、社・公・民に社民連を加えた四党連合組織を結成して自民党に対抗する。その結果、八九年七月の参院選で社会党は改選議席の倍以上を獲得し、自民党は過半数割れに落ち込んだが、これは土井の個人的人気にも支えられていた。この人気は九〇年二月の総選挙でも続き、社会党は六割増しの議席数を獲得した。ただ、この時は海部首相の人気もあって自民党が安定多数を獲得し、野党では社会党が躍進したが、公・民両党は低迷した。そして翌春、統一地方選で社会党が敗北して土井委員長は引責辞任するが、ここから社会党の凋落が進む。

とはいえ、この時点での社会党にはまだ活路があった。それは結党の理念（社会主義と平和主義）に立ち返ることであり、米ソ冷戦体制解体後の世界に向き合う準備が必要だった。つまり、侵略戦争と植民地支配の近代史を直視した上での平和外交への転換が求められており、その可能性はまだ残されていた。

1987年6月民主抗争（韓国「労働者連帯」サイトより）
https://wspaper.org/pdfs/wspaper_0211.pdf

3．韓国の動向

この時期は、八七年六月抗争後の民主化の勢いと南北関係をめぐる葛藤が社会全般を覆い、民主勢力内では地域感情も噴出する激動期であった。しかも、米ソ冷戦体制の解体が本格化する転換期を迎えており、どう対応するかで国内外で議論が沸騰した。この紆余曲折に満ちた四年間は最後の軍人出身大統領盧泰愚の時代だった。

労働者闘争が一段落した八七年一〇月末、大統領五年任期の単任制、国会議員四年任期の小選挙区制を骨子とする直選制改憲案が国民投票にかけられた。同案は賛成93％の圧倒的な支持を得て公布され、一一月初めには一気に大統領選政局へと突入した。この間、六月民主抗争を主導した在野民主勢力は、金大中支持・金泳三支持・独自候補擁立へと三分解し、金大中と金泳三の主導権争いも激化して四分五裂の状況になる。国民投票の直前に民主党内で候補一本化の話し合いが決裂すると、金大中系議員は脱党して平和民主党を結成、一二月大統領選での金大中の出馬を準備する。同党の綱領には、平和共存・平和交流・平和統一の三段階南北統一案が明記され、後の太陽政策の骨格が提示された点が注目される。

結局、一二月大統領選で与党の盧泰愚候補が当選するが、得票率は37％で、金泳三28％と金大中27％という民主勢力の分裂により勝利したと言える。また、各候補の得票には地域的な偏りが見られ、地域対立の深刻さが露呈した。同時に、民主勢力の分裂を招いた両金氏だが、地域対立以上に南北共存をめぐる政策の違いが決定的だった。

さて、翌年四月の国会議員選挙は二九九議席をめぐって争われた。各党の議席数は、盧泰愚大統領の民主正義党は一二五議席、金大中の平和民主党は七〇議席の野党第一党、金泳三の統一民主党は五九議席の野党第二党となり、その他が四五議席だった。この結果、韓国の憲政史上で初めて与党は過半数を割って「与小野大」国会が誕生した。そのため、各野党は民主勢力を弾圧した全斗煥軍事政権の不正を告発する聴聞会を要求し、緊張感が一気に高まった。この聴聞会は、言論史上初めてのテレビ生中継で全国に放映されたため、国民が注目する中で様々な不正や陰謀の実態が暴露され、民衆の政治意識を飛躍的に高めた。だが、途中で事態の進展に危機感を抱いた与党は野党の分断、特に金大中と金泳三を支持する地域が異なる点をつき、後者の抱きこみを策動した。その結果、聴聞会の熱気が一段落した九〇年一月、盧泰愚大統領は統一民主党の金泳三と民主共和党の金鍾泌との三者で三党合同を発表し、民主自由党という議員数70％を超える巨大与党が結成された。

ただ、その直後の補欠選挙では都市部で根強い与党批判票が確認され、与党内の葛藤もあって思惑通りの政局運営には至らなかった。そして、翌九一年三月と六月には「五・一六軍事クーデター」以来、三〇余年ぶりの地方議会選挙が行われ、その一方で在野団体中心の民主化闘争も再び活性化した。そうした中で四月末、抗議デモに参加していた学生が機動隊に集団暴行され、殺害される事件が発生する。翌日、政府は内務大臣を更迭して事態の収拾を図るが、在野団体は「汎国民対策会議」を結成して「公権力による殺人」を糾弾する集会やデモが連日のように続いた。特に光州市では民主抗争一一周年を記念して反政府闘争が盛り上がり、殺された学生が光州出身だったこともあり、公権力の過剰警備への市民の批判は絶頂に達した。ただ、学生以外や他地域の市民の呼応は八七年六月民主抗争には程遠く、むしろ政権内部での権力闘争が事態を複雑化させた。

結局、六月の地方選挙は候補者が制限されたため、与党が圧勝して「デモ政局」は終息に向かった。ただ、この一カ月余りの民衆抗争により盧大統領は軍関係者への権力継承を断念し、民主勢力の保守派である金泳三を自らの後

継者に選択するしかなかった

これとも関連する日韓関係の動きとして、八月に元「日本軍慰安婦」ハルモニの初証言が公開の場で発表され、一二月には同じ境遇を味あわされたハルモニの集団訴訟が提起された。この時点では韓国社会にも大きな衝撃を与えたが、「挺身隊」との混同など多少の認識不足もあり、旧軍人中心に「民族の恥をさらすな」という攻撃もあった。だが全体的には、「性的奴隷状態とも言える境遇にあった戦争被害者」としてハルモニを受け止める市民が多かった。

この盧泰愚政権で大きく変わったのが外交政策である。八八年秋のソウル・オリンピック前後、ソ連ではゴルバチョフがペレストロイカ政策を本格化させており、韓国もまだ敵対関係にあったソ連・中国との国交回復をめざすとともに朝鮮との関係改善が図られた。オリンピック直前に発表した「七・七宣言」では、「自主・平和・民主・福祉の原則に立脚し……民族自存と統一繁栄の新時代を築く」と言明し、①離散家族の相互訪問、②南北間の交易拡大、③社会主義圏との関係改善、を提起した。特に③は具体的な成果を上げる。まず八九年にはユーゴ、ハンガリー、ポーランドと国交を樹立し、九〇年はチェコ、ブルガリア、ルーマニアに次いでソ連とも国交を回復した。この韓ソの国交樹立は東アジアの冷戦体制の根本的な変化を意味し、朝鮮は強硬に反対したと言われるが、平和共存と相互協力による経済発展をめざす韓ソ両首脳は九〇年末と九一年春に相互訪問を実現させた。また、朝鮮戦争で敵対した中国との関係改善も同じ流れで進み、九二年夏には韓中両国外相が国交樹立に合意した。

また、これに並行して南北関係も平和共存と関係改善に向けて動き出し、何度かの南北高位級会談が催された後、九一年九月国連への南北同時加盟、同年末に「南北基本合意書」が交わされた。この合意書は自主的・平和的・民族大団結という「七・四共同声明」の再確認であり、その後の南北交渉の枠組となった。さらに、盧泰愚政権は平和体制への転換、軍縮、相互交流という関係正常化三原則を表明し、双方を国家と認めて「和解と協力の時代」を開こうと北に呼びかけた。ただ、それは政府主導の南北交流であり、本音はドイツ式の「吸収統一」であった。それでも後の従米・分断派に比べれば独自外交を展開しようとした点は評価できる。実際、軍人出身の大統領ながら「優柔不断」だったことが幸いし、米ソ冷戦終結後の世界を見据えて弱小国家の活路を外交に求めた。それは後の金泳三・金大中政権へと継承された。

◆関連書籍

①鄭敬謨『歴史の不寝番』（藤原書店、2011年）

②韓勝憲『分断時代の法廷』（岩波書店、2008年）

この2書は、金大中大統領とも深い縁がある著者による民主化闘争の証言集と言える。①の著者は朝鮮戦争時には米軍の通訳をし、73年金大中拉致事件時にはキッシンジャーに直訴して助命に成功したという。軍事政権下だけでなく民主化後も続く不条理に抗し、『シアレヒム（一粒の麦）』に依拠して論陣を張り、筆鋒の鋭さに権力者から疎んじられた。②の著者は、70年代以降の民主派人士を一貫して擁護した弁護士で、独裁政権下の政治裁判の実態を告発し続けた。外見上は民主化された90年代には南北分断を克服する道を求め、金大中政権時は監察院長に就任し、次の盧武鉉政権の発足直後には平壌を訪問するなど、南北関係の改善にも努めた。

＊在韓生活を通じて体感した民主化

九〇年三月、私は光州市で大学教員になる機会を得た。最初の自転車旅行から約二〇年、光州民主抗争から一〇年、私は待望の在韓生活を、それも光州市で始めた。着任して二カ月ほどのある晩に「灯火管制下の防空演習」があり、突然サイレンが鳴り響いた。人々は慣れていてほぼ日常通りだったが、私は二階建て長屋の屋上で、市街地を眺めながら演習が終わるまで考え続けた。私はこの時初めて韓国が停戦状態にあることを実感したが、それを「朝鮮停戦体制」と表現できるまで三〇年余りを要した。

翌年五月、全国の大学では光州民主抗争の真相解明を求める学生の不審死が相次ぎ、私には「戦場」と思える緊張感があった。実は、他の日本語科教員にはなじめなかったが、学生含めて街で出会う人々は親切で、とても魅力的だった。思えば、植民地時代の日本人教員への視線はどうだったのか、「現代日本事情」を教えながら考えさせられた。とにかく大学内外で様々な韓国人に出会い、経験を積むしかなかった。そのうち徐々にわかってきたのは、親日的な人ほど油断できず、反日的な人ほど親切だということだった。また、世界的な動向が日本より韓国には反映しやすく、特に学生は世界情勢に敏感に反応していた。

《第Ⅰ部・小結》

一九四五年第二次世界大戦の終結を前後して本格的に始まり、五〇〜五三年の朝鮮戦争を経て、六二年キューバ危機で安定化した米ソ冷戦体制。それから三〇年近く続いたこの体制の最大の受益国は日本だったのではないか。朝鮮戦争下で「基地国家」として誕生した日本は、六〇年代のベトナム戦争で後方基地の役割を果たして米国を支え、七〇〜八〇年代は中国などの東アジア諸国に経済進出し、同時に「石油戦略」を発動したアラブ諸国とも関係を維持した。その結果、国内では「バブル経済」と言われるまでに資本蓄積を達成し、米国の一部では「日本ナンバーワン」という声さえ上がった。当時の日本は、敗戦後に経済が高度成長できた根拠と条件を検討することもなく、米ソ冷戦体制の解体後の世界にあっても疑うことなしに「前例踏襲」を重ねていく。

その経緯は第Ⅱ部で考察するが、第Ⅰ部の米ソ冷戦体制下では、朝鮮による日本人拉致問題などを除いては「朝鮮停戦体制」の実態が表面化することは稀だった。また、「基地国家・日本」という性格も、七二年「沖縄返還」以降は本土内にあった基地機能を沖縄に集中させることにより、多くの日本人の眼からは見えにくくなった。つまり、日本における「朝鮮停戦体制」の諸矛盾を沖縄に押し付ける構造が米ソ冷戦体制下でつくられたのだ。

また、韓国に軍事独裁政権が存在し続けることによって日韓条約体制は維持され、「植民地支配の歴史」が表面に浮上することはなかった。ただ一皮めくれば、一貫して北の朝鮮を排除して南の韓国とのみ外交関係を結び、在日コリアンの処遇を南北で差別化するだけでなく、独裁政権に反対する民主派を水面下で圧迫して軍事政権を支援した。この日韓癒着の実態は金大中事件など特別な事態が起きると、氷山の一角が垣間見えたが、岸―安倍三代と統一教会・勝共連合の関係などの全容は今も解明されていない。それでも安倍元首相の死後、彼の国葬までに解明された事実を端緒にして米ソ冷戦体制下の「朝鮮停戦体制」の実態が明らかになれば、今後の日韓関係も大きく進展するに違いない。のみならず、例えば日本人拉致問題の背景に現存した南北分断体制とともに、その一方に加担し続けた日本政府の責任もまた問われざるをえない。東アジアに恒久平和を招きよせるためにも、米ソ冷戦体制下の「基地国家・日本」における「朝鮮停戦体制」のメカニズムを解明することは必要不可欠な課題と言える。

第Ⅱ部

米ソ冷戦体制解体後の日本と韓国

1993年	非自民・非共産の細川連立政権の成立
95年	阪神大震災　終戦50年決議　村山首相談話
98年	日韓首脳会談とパートナーシップ共同宣言
2000年	南北首脳会談と6・15宣言　自民党「加藤の乱」失敗
02年	日朝首脳会談と平壌宣言　拉致問題の争点化
06年	第一次安倍政権の後、福田・麻生の世襲政権
09年	民主党政権の成立
10年	天安艦沈没事件　沖縄普天間基地県外移転の撤回
11年	東日本大震災・福島原発の爆発事故
12年	第2次安倍政権と朴槿恵政権の成立
15年	安保法制の強行採決　「慰安婦」問題の日韓合意
16年	キャンドル革命の勃発、弾劾決議
17年	朴大統領辞任　文在寅政権の成立　モリ・カケ問題
18年	南北首脳会談・米朝首脳会談、南北平壌宣言
20年	コロナ禍の拡大、安倍首相の退陣で菅政権へ
21年	東京オリンピック強行開催、菅政権から岸田政権へ

《第Ⅱ部・概観》

1．米ソ冷戦体制解体後の東アジア

一九九一年米ソ冷戦体制が解体する直前の東アジアでは、ソ・中と国交回復をめざす韓国の北方外交が展開され、同年秋には南北コリアが国連への同時加盟を実現させた。本来は、この前後に韓国は中・ソと、朝鮮は日・米と国交を正常化するクロス承認が暗黙の了解だったが、「北の崩壊は間近い」と誤認した日・米はこの了解を反故にした。そのため朝鮮は自衛策として核開発に踏み出し、エネルギー不足もあって原発導入にも強い関心を示した。

同じ頃、植民地時代末期の戦時中に「従軍慰安婦」として強制労働させられた女性の証言が韓国社会を揺るがし、謝罪と賠償を求める戦後補償問題が日韓両国間で噴出した。類似の証言を通じ、侵略戦争下の中国や東南アジアでの日本軍の実態が暴露されるが、これに対する日本社会の反応は三分化された。こうした告発に誠実に応える人と反発する人は少数派で、圧倒的多数は黙殺または無関心の態度を貫いた。その結果、韓国のみならず中国や東南アジア諸国も日本への批判を強めたが、九〇年代後半に起きたIMF危機などで日本の経済力を必要とした事情などから事態は沈静化に向かった。ただ、この経済危機は東アジア地域の社会的民主化と、さらなる経済発展を生み出した側面もあり、二〇数年後に新たな転換期を迎えている。特にインドネシア、タイ、ベトナムの経済成長は日韓両国ともに深く関係しており、今後の動向が注目される。

2．朝鮮停戦体制――安倍・改憲派と従米・分断派

二〇〇〇年六月、南北首脳会談が開催されて分断体制の動揺が本格化すると、それを抑える体制として朝鮮停戦体制の再構築が始まった。翌年ブッシュ政権の中枢にいたネオコンの知日派、通称ジャパン・ハンドラーは東アジアの冷戦体制を維持するために朝鮮停戦体制の再編に着手した。彼らは日本側のパートナーとして、極右派の日本会議と統一教会・勝共連合を束ねる形で形成された安倍・改憲派の育成に心がけた。これに応え、それまで傍流だった安倍・改憲派は、自らの政権樹立に向けて南北分断体制と表裏一体の関係にあった拉致問題を政治的に悪用した。また、経済力を背景に台頭する中国への警戒を煽るため尖閣諸島問題を争点化させた。さらに一〇年春、韓国軍天安艦の沈没事件が起きると、動揺していた南北分断体制は再編・強化され、安倍・改憲派は朝鮮・中国への強硬姿勢を鮮明

にし、一二年末に第二次安倍政権が成立した。同じ時期、韓国では従米・分断派（彼らの集会では、米韓両国の国旗である星条旗と太極旗がはためく）の朴槿恵政権が誕生するが、「植民地支配の歴史」をめぐる立場は微妙に異なった。本来、彼女は父と同様の親日派だが、支持者には岸―安倍三代への反発・警戒心が強かった。とはいえ、これも朝鮮停戦体制の一面であり、「植民地支配の歴史」との拮抗は、この体制の存立基盤に関わる基本矛盾と言える。その点から見ると、今日の尹錫悦政権は米国の要求通り、日韓関係の改善を優先させて南北分断体制を強化している。

3. 時期区分について

一九九一年末の米ソ冷戦体制の解体から今日まで、約三〇年にわたる日韓現代史を三分すれば、二〇〇〇年四～六月の小渕首相の急死と南北首脳会談、そして実は、一〇年春の天安艦沈没事件が約一〇年ごとの節目となる。だが今日、この観点から日韓現代史を区分するのは難しいため、日本現代史における政権交代を中心に四分した上で、第一・三・四期をそれぞれ二分して七つの時期に細分した。そのため、かなりアンバランスな時期区分となっただけでなく、五年ごとに政権交代する韓国現代史との間にも時間差がある。とはいえ、九〇年代前後半を分かつ村山政権が退陣して自民党の世襲政権が続き、〇九年秋に「改革への期待」を担って民主党政権が誕生したが、東日本大震災の影響もあってわずか三年で崩壊した。次いで約九年続いた安倍・改憲派政権を前後半期に分けたのは、韓国における政権交代がもたらした影響とともに、この政権の本質が露呈したからである。つまり、それは経済・産業基盤が衰退して貧富の格差が拡大し、社会不安が増大する過程でもあった。その際、安倍政権は動揺する南北分断体制を補強するために朝鮮停戦体制に積極的に関与して改憲をめざしたが、コロナ禍により内紛が生じて辞任を余儀なくされる。後を継いだ菅政権はコロナ禍が拡大する中でオリンピックを強行したため国民の支持を失って翌秋に退陣し、ここに安倍・改憲派政権は崩壊した。

本書ではここまでを第Ⅱ部と区分したが、昨年ウクライナ戦争の勃発直後に韓国では従米・分断派の尹錫悦政権が復活し、さらに安倍元首相が急死したため、「補論」でその意味について考える。なお、現在の岸田政権が安倍・改憲派の道を踏襲するのか否か、二三年夏の時点では突き進む態度を見せている。ただ、三～四年以内に韓国の動向と連動して日本も正念場を迎えると予想される。

Ⅰ.「自社共存」体制の解体（一九九二年初～九五年末）

1．国際情勢

米ソ冷戦体制が解体した一九九〇年代、まず東欧圏に目を向ければ、ソ連の縛りが解かれたことで民主化の流れが一気に加速する。特にチェコスロバキアは九三年一月にチェコとスロバキアに分離独立し、それぞれに社会の民主化を進める。また、バルト三国は濃淡の違いはあったが、九一年秋にソ連から離脱して独立を宣言した後、EUへの加盟を申請し、様々な手続きを順調に進めていく（この三国はいずれも小国だったこともあり、二〇〇〇年代初めにはEUへの加盟を実現させる）。

これらとは対照的に、バルカン半島の多民族国家ユーゴスラビアではセルビア、ボスニア、クロアチアが三つ巴の民族紛争を起こした。特に、軍事力に勝るセルビアが他地域に侵攻して各地で激戦が展開されたが、九五年一二月ボスニア和平協定が結ばれた（九七年ボスニアは分離独立し、また翌年にはコソボ紛争で住民虐殺事件も起き、後に暫定自治政府が成立してユーゴは解体する）。その間に、セルビアなど各国内でも民族対立や分裂が相次ぎ、周辺地域とも武力紛争を重ねた。

ともあれ、西欧諸国は九三年一月に一二カ国で欧州共同体（EC）統一市場を誕生させ、同年一一月欧州連合（EU）条約を発効、九四年一月には欧州通貨機関（EMI）を発足させた。そして、九五年一月には新欧州委員会が発足し、また九四年一月にはNATO首脳会議が開かれて東欧諸国との協力協定に調印した。このようにEUやNATOが東欧諸国へと拡大する一方、ソ連解体後のロシアは九三年一〇月のモスクワ騒乱などで弱体化していき、九四年には通貨ルーブルが大暴落して社会・経済は大混乱に陥った。こうしてロシア・東欧諸国が没落したのに反し、東アジアでは民主化に歩み出した韓国がソ連・中国と国交を樹立し、東欧諸国とも関係改善に向かう。また九一年秋、南北は国連に同時加盟して平和共存の道を歩み出すが、これに前後して日・米が朝鮮との関係を改善する「クロス承認」案が水面下で進行していた。だが結局、この案はソ連の弱体化による朝鮮の崩壊を期待していた日・米の思惑により進展せず、むしろ朝鮮が核開発へと向かう状況を生み出した（さらに近年はミサイル開発に重点が置かれている）。

以上のように、この時期の世界各地では国際協調と対立が錯綜し、せめぎ合う時期でもあった。一方では九五年一月に世界貿易機関（WTO）が発足してグローバル経済が本格化し、同年北京では国連世界女性会議が開かれて女性の地位向上がめざされた。また、長い間対立状態にあった米国とベトナムが国交を樹立し、ボスニア和平協定も締結された。さらに、パレスチナ自治拡大協定がイスラエルとの間で結ばれ（調印後イスラエルのラビン首相は暗殺された）、その前年には朝鮮半島でも米朝枠組み合意が実現した。九六年国連総会で包括的核実験禁止条約も採択された。

だが他方では、パリやロンドンなどEUを代表する大都市で爆弾テロが相次いだ。こうしたテロの背景には欧米近代があまり意識してこなかった「植民地支配の歴史」を告発する移民者側の反発があった。その後、中東地域の武力紛争によって多くの難民がEU諸国に押しよせた時、この問題は形を変えて噴出する。

2. 日本の動向

この時期の日本は、宮沢自民党政権が二〇カ月、非自民・非共産八党派連立の細川政権と、そこから社会党が離脱した羽田政権が合わせて一年弱、自民・社会・さきがけ連立の村山政権が一八カ月と目まぐるしく政権交代した。この不安定な政治状況に加え、九五年一月には死者六五〇〇人近く、負傷者四万人以上、全半壊二五万戸以上の阪神・淡路大震災が起きた。

戦後日本を代表する首相と言えば田中角栄だが、彼に疎まれて二〇年近く首相になれなかったのが、米ソ冷戦終結後の首相・宮沢喜一である。彼は戦後日本を代表する典型的な官僚（大蔵省）政治家であり、池田・大平両先輩の薫陶を受けながら、七四年ロッキード事件で田中が失脚した後、常に首相候補に挙げられながら、最大派閥田中派に拒否され続けた。五〇年代半ば以来、「池田の懐刀」として日米両国に幅広い人脈をもち、頭の切れと英語力では歴代首相随一と言われた彼の首相就任は九一年一一月、七二歳の時だった。彼は八五年の「プラザ合意は高度成長の終焉」を意味し、経済発展の果実は国民の生活基盤を整える内需振興に向けるという「生活大国」構想を描いていた。そして、首相就任時の彼は「冷戦終結は歴史的大変動」だと見たが、それが自らの存在基盤である「自社五五年体制」の解体へとつながることをどこまで認識していたかは疑わしい。それでも冷戦終結後の九〇年代、その見識と人脈によって政界の中心に位置し、九三年八月自民党が敗北して細川首相へと交代した後も何度か相談を受けた。

ここであらためて宮沢政権を振り返れば、当時のゴルバチョフは失脚過程にあり、南・北朝鮮の国連への同時加盟が実現し、東欧諸国やソ連と韓国、翌年には中国と韓国の国交が正常化し、天安門事件後の東アジアも激動の渦中にあった。九二年初に東京で日米首脳会談が開かれた後、宮沢首相は訪韓して「慰安婦」問題で韓国に謝罪した。五月には九〇年に訪朝した金丸自民党副総裁が佐川急便からの献金を公表して失脚、中・露が韓国を、日・米が朝鮮をクロス承認する日朝関係の改善案は暗礁に乗り上げた。ただ、中国とは一〇月の天皇訪中を契機にして関係改善が進み、韓国とも任期末に「河野談話」を発表して関係改善に向かった。こうして迎えた総選挙、自民党は過半数割れの二二三議席、社会党は半減の七〇議席、次いで新生党と公明党が五〇議席余り、日本新党三五議席だった。この結果、議員数で第五党の日本新党細川護熙首相による非自民・非共産八党派の連立政権が誕生する。

だが、この細川連立内閣は次の三つの特徴をもつ、極めて不安定な政権だった。それは「政治改革」を最大の使命とする連立政権であり、細川は公選された知事経験はあるが、閣僚経験がない戦後初めての首相だった。それでも就任当初は70％を超える当時空前の高支持率であり、「日本のアジアに対する加害責任」を表明した最初の首相でもあった。問題は、翌年一月に成立した政治改革四法案の内容で、小選挙区比例代表並立制を基本にしながら比例代表議員の割合を減らす過程で政権内に矛盾が生じた。さらに、政権を主導した小沢一郎と大蔵官僚の主張に乗って消費税を国民福祉税と名称変更して倍増する案が公表されると反対意見が噴出し、二月には白紙撤回に追い込まれた。実は、この間に武村官房長官と小沢の対立が表面化するが、裏では米国の意向として朝鮮に融和的な社会党や武村への懸念があり、政権崩壊の遠因になったとの見方もある。

いずれにせよ、四月末に小沢の主導で羽田内閣が成立するが、与党第一党だった社会党は猛反発して連立からの離脱を表明し、羽田政権は少数与党に転落した。結局六月、羽田内閣は総辞職して自・社両党体制ながら圧倒的少数の社会党・村山富市首相が誕生する。この変則的な内閣は自民党主導で政権運営されたため、社会党は結党以来の原則を曲げて「自衛隊は合憲」「日の丸・君が代を国旗・国歌と認める」という重要な方針転換を行なった。またその翌年一月、阪神・淡路大震災が発生し、当時では戦後最大規模の震災被害となった。この大震災の復興に追われる中、三月には地下鉄サリン事件が起こり、オウム真理教という新興宗教の異常さが社会の一面を反映していた。

そうした中で注目すべきは、敗戦五〇周年を迎えた八月の首相談話という形で発表された「村山談話」である。本来なら、六月通常国会において衆議院で採択された「戦後五〇年決議」で侵略と植民地支配への謝罪を明確に表明するはずだった。だが、この決議は妥協の産物としか言えない曖昧な内容であり、それでも多数の議員が欠席あるいは棄権した。そのため、自民党の橋本総裁とも協議して「敗戦」で合意した上で、閣議でも満場一致で確認して発表された。この「村山談話」は、日本の首相として「植民地支配と侵略によって……アジア諸国の人々に対して多大な損害と苦痛を与え」たことを初めて認めたもので、それだけで画期的である。ただ、南北朝鮮と台湾に対する植民地支配の歴史に対する認識はまだ不十分で、かえって国内の極右派や当事国側の反発を招いた面もあった。

3．韓国の動向

この時期は、米ソ冷戦体制の解体に先駆けて軍事政権を倒して民主化を勝ちとった勢いで社会改革を進めたが、「南北分断体制の動揺」とともに紆余曲折を重ねた。盧泰愚から「文民政府」を掲げる金泳三へと代わり、急速な経済成長によって先進国入りをめざす一方、国民の要求に応えて全斗煥・盧泰愚両大統領を逮捕し、裁判にかけた。

九〇年一月に結成された巨大与党・民主自由党は党内における権力闘争の渦中にあった。反金大中の暗黙の合意に基づき、責任内閣制にして金泳三を大統領にするという密約で結成された同党は、まず彼が党代表になる時点で内部抗争が表面化した。次いで九一年、金泳三は「光州事件」の真相解明を求める民衆の声を背景にして民自党内で勢力を拡げ、九二年五月に次期大統領候補を選出する過程で党内を掌握する。ただ、同年の総選挙は多くの無所属議員を入党させてようやく過半数を確保するという辛勝だった。それでも長年の民主化闘争で鍛えられた老練な政治力と強固な地域基盤を背景にして与党内を主導し、政局を乗り切る方針を固めていた。

とはいえ、同年初めに現代財閥の総帥・鄭周永が政界進出を宣言し、自己資金で新党を結成したことは彼に危機感を抱かせた。なぜなら、鄭は成功した財閥のトップとして「経済大統領」を自負し、金泳三が最も苦手な経済政策で執拗に論戦を挑んできた。この夏、金泳三・金大中・鄭周永の三つ巴の大統領選レースが本格化すると、盧大統領は与党総裁を辞任して党籍を離脱し、憲政史上初めての選挙管理内閣を任命した。こうして秋に選挙戦が激化すると、金泳三は地域感情を刺激する戦略をとって金大中との対立を煽り、選挙中にも露骨な利益誘導を公務員に指示した。投票日直前、その実態が暴露された事件で彼への批判も集中したが、逆にそれで危機感を抱いた保守派が結集して予想以上の大差となった（金泳三42％、金大中34％、鄭周永16％）。この結果、金大中は政界引退を表明して英国に留学し、鄭周永は莫大な負債を抱えて党も解散した。

この金泳三政権最大の功績は、三〇年以上続いた軍部による暴力的支配を排除して文民政権を確立した点である。就任当初に改革人事を断行し、九五年後半には光州民主抗争を弾圧した責任を追及する国民の声に応え、全斗煥・盧泰愚という前大統領二人を裁判にかけた。これを含む五年間の業績を総合的に見れば、軍部の影響力を排除する上ではかなりの功績があったと評価され、九〇年代以降に韓国社会が大きく変わる基盤がつくられた。だが、他方では経済運営には失敗し、任期末にはＩＭＦ危機を招いて国家財政は破綻寸前にまで陥った。

なお、この時期に参与連帯や環境運動連合などの市民運動が急成長する。彼らは当初、八〇年代の民衆運動に対抗する形で影響力を拡大するが、九五年頃から協力して新しい社会運動を形成する。こうした変化の背景には韓国経済のグローバル化とともに地方自治制の導入が決まる中、一進一退を重ねる南北関係があった。これに関連して金泳三政権は、当初は朝鮮との和解・協力をめざすと言明したが、保守勢力の反発が強まる中で九四年七月金日成主席が急死すると、経済力を背景にして吸収統一をめざす強硬路線に転じた。こうした対北政策とともに、基本方針が定まらなかったのが対日政策である。九三年八月の総選挙後に細川非自民連立政権が誕生し、一一月に慶州で日韓首脳会談が開かれた際、細川首相が植民地支配を謝罪しようとしたのに対し、鷹揚な対応をして日本では好感をもたれた。だがその二年後、解放五〇周年を機に民族意識を高めるためもあってか、朝鮮総督府の建物を一方的に解体するなど強硬方針に転じて対日批判を強めた。

ただ問題は経済政策で、財閥が主導してグローバル化に邁進したが、不正工事による聖水大橋の崩落や三豊デパートの崩壊などの大型事故が続発した。だが、それらを軽視したまま九六年、先進国クラブと言えるOECD（経済協力開発機構）に加盟した。当時、政権当初は約四四〇億ドルだった債務は一〇〇〇億ドルを超え、経常収支も九四年に四五億ドル、九六年に二三〇億ドルの赤字となり、対外債務は深刻化していた。それでも先進国に執着した金泳三は、十分な準備もないままOECDに加盟し、労働関係法の改悪を強行して労組や市民団体から猛反発を受けた。

実はこの頃、経済のグローバル化が進む中、韓国一国の解決を図るのではなく、朝鮮との平和共存を前提にした民族和解による経済発展を検討する必要があった。九四年七月金日成主席が急死すると、その弔問外交をめぐる金泳三の対応を批判した金大中は、翌年六月に三五年ぶりに導入された全国的な地方選挙における野党の善戦を確認すると、九月新政治国民会議を結成して政界復帰を宣言する。こうして七〇〜八〇年代の民主化闘争を代表する二人の三度目の政策論争が展開されるが、その基底には分断体制を克服する和解政策の有無があった。ただ、最も表面化したのは両者の支持基盤が地域的に異なり、この克服が韓国社会の深刻な課題となる（一〇四頁参照）。

＊韓国社会の民主化と南北和解政策

八七年民主抗争で軍事独裁政権を終結させた韓国は九〇年代に本格的な民主化を進めるが、時の大統領は民主自由党総裁で軍人出身の盧泰愚だった。そのため、政権内外で民主化闘争が激しく展開され、特に党外からの民主化要求を巧みに取りこみながら与党内で主導権を握ったのは金泳三だった。一方、米ソ冷戦体制が崩壊する過程にあった九〇年前後、盧泰愚は「北方外交」を掲げて東欧諸国やソ連とも国交を結んだ。さらに、南北和解を唱えて北への対決姿勢を緩め、九一年秋には国連への南北同時加盟を実現させて中国とも国交を結んだ。ただ、彼の南北和解政策はあくまでも政府中心で民衆参加の交流は許さず、民族和解を求める運動とは激しく対立した。また、八〇年光州民主抗争を弾圧した経歴から民主派の攻撃の的となり、金泳三との政治闘争に敗れて任期末には影響力を喪失した。結局、九五年末に全斗煥とともに光州民主抗争を弾圧した責任を問われて逮捕され、有罪判決を受けて獄中生活を余儀なくされた。南北分断体制下にある韓国の場合、和解政策による平和の維持と社会の民主化が経済・文化の発展に不可欠な両輪であり、国際的な地位向上にも貢献すると見通していたのが次の大統領・金大中であった。

ソウルの日本大使館前の「平和の少女像」（撮影　谷野隆）

＊河野・村山談話と戦後五〇年国会決議

九一年八月、金学順さんのカミング・アウトで表面化した日本軍「慰安婦」問題は、沖縄在住の元朝鮮人「慰安婦」や日本軍兵士の証言などから歴史的事実として知られていた。ただ、軍事政権下で沈黙を強いられてきた韓国人女性が公の場で証言し、同じ境遇にあった女性が次々に証言した点が衝撃を与えた。一二月彼女らが裁判に訴えると、日本人の対応は四つに大別された。第一は、証言を事実と受け止めて彼女らに誠実に対応して支援する人、第二は、事実を認めて何らかの対応が必要だと考えた人、第三は、その証言を否定して彼女らを攻撃する人、第四は無関心に徹する人である。当時の政府関係者の多くは第二グループで、朝鮮の植民地支配に基づくと理解していた。そこで九三年七月、河野洋平官房長官は「慰安婦」への強制性を認めて謝罪する「河野談話」を発表し、政権交代した細川首相も韓国で謝罪した。さらに九五年、戦後五〇年にあたり国会は日本が行った侵略と植民地支配を謝罪して「平和への決意を新たにする決議」を採択したが、自民党議員多数が欠席したため村山首相は「日本の侵略と植民地支配を謝罪する」談話を閣議決定して発表した。これが「村山談話」で、今日も日本政府の公式見解として継承されている。

◆関連書籍

①解放出版社編『金学順さんの証言』（解放出版社、1993年）

②李容洙・高柳美知子『わたしは日本軍「慰安婦」だった』（新日本出版社、2009年）

「従軍慰安婦」問題への案内書として石川逸子『「従軍慰安婦」にされた少女たち』（岩波ジュニア新書、1993年）があり、ジュニアだけでなく一般にも読まれることが望ましい。戦時下の植民地朝鮮が少女たちにとってどういう社会だったのか、またその延長上にある現代日本社会を考える上でも、当事者の証言は貴重である。①は、91年夏に最初にカミング・アウトし、年末には提訴した著者の日本での証言に始まり、多くの資料集とその解説を通じて当時の実態に迫る。②の著者は生存者の中では最年少だが今年95歳、15歳で台湾へ連れていかれ、そこでの体験を2000年の女性国際戦犯法廷や米国議会などで証言した。自らが行動し、発言する元「従軍慰安婦」として日本の多くの友人に大きな影響を与えた。

＊阪神大震災時の日韓市民交流

九五年一月一七日阪神地域を中心に最大震度7の大地震が発生し、犠牲者六五〇〇人弱、負傷者四万人以上、全焼七千戸以上、全半壊二五万戸以上の甚大な被害が発生した。その被害は九割以上が兵庫県内で、直下型と言える大震災であった。そのため、近隣地域からの支援により交通網などは早めに確保されたが、火災がひどかった神戸市長田地区など市街地の復旧は長期にわたり、街並みも一変した。ただ、ここで注目すべきは留学生を含む在日外国人と日本人の「災害ユートピア」とも言うべき関係で、特に激甚被害地・六甲地区の「神戸青年学生センター」における市民活動は特筆に値する。本来、宿泊施設もあり在日コリアンとの市民交流も盛んだった同センターは、震災発生当日から宿泊や食料の確保はもちろん、留学生など外国人の情報交換・交流の拠点となり、救助活動や被害者支援にも重要な役割を果たした。また、朝鮮学校や中華学校など在日関係者とも協力して食事を提供し、留学生への支援金も長期にわたって確保した。さらに、弔慰金や義援金、病院の治療費にも配慮して、韓国・中国を中心にしたアジアや南米の留学生を支援するボランティア活動を展開した。そうした中で、通訳として重要な役割を担った留学生もいた。

2. 「日韓パートナー」関係の萌芽（一九九六年初〜二〇〇〇年春）

1. 国際情勢

八〇年代の東アジアでは韓国、台湾、フィリピン、インドネシアなどで独裁的な軍事政権が君臨していた。それらの国々では、米ソ冷戦体制に対応して「反共」を旗印に批判・反対派を「アカ」と断じて公権力で弾圧し、米国の支持の下で絶大な権力を行使していた。だが、ベトナム戦争で米国が敗北した後、インドシナ半島など東南アジアではベトナムとカンボジアの対立に中国が絡んで混乱が続いたが、九五年にベトナムはアセアンに加盟して米国とも国交を樹立した。そして、九六年にはラオス・ミャンマー・カンボジアがアセアンに同時加盟し、域内全体として経済発展に力を注ぎ始める。そのタイミングで起きたのがIMF経済危機である。

その発端は世界的規模で起きた通貨危機だったが、特に韓国と東南アジアでは経済発展の転換期に外貨不足が表面化して外貨調達が困難になり、各国経済に甚大な影響を与えた。韓国の場合は、九七年末大統領選挙の前後に急激な通貨危機が表面化して政権が交代し、保革連合によって金大中政権が誕生した。またインドネシアでは、九八年五月民衆暴動が起きて三〇年以上続いたスハルト政権が崩壊し、暫定政権を経て翌年には非軍部のワヒド政権が誕生して東チモールの独立を承認した。なおフィリピンでは、すでに八六年民主化でコラソン・アキノが大統領に就任し、その後も不十分ながら開発独裁政権の時代を終わらせた。この九〇年代後半のIMF経済危機は東南アジアの政治・経済構造に大きな影響を与え、長い目で見れば、その後の社会発展の基盤を生み出したとも言える。

米ソ冷戦体制の解体後、どのような世界体制へと移行するのか、欧米も東アジアも手探りの状態が続いていたが、米国は自らが「世界の覇者」と錯覚していた。ほぼ毎年米ロ首脳会談が開かれ、九七年からロシアもG7サミットに参加が認められてG8となったが、ロシアから言えば東欧諸国がEUに加入する中で屈辱的な待遇を甘受せざるを得なかった。というのも、国内経済は疲弊してルーブルが急落し、独立を求めるチェチェンとの紛争が激化していた。こうした中、病気を抱えた七〇歳近いエリツィンの後継者として、四〇代でKGB（国家保安委員会）スパイ出身のプーチンが大統領に就任し、ロシアは変貌していく。

一方中国では、鄧小平に抜擢された江沢民が九三年以来国家主席を務め、経済成長に邁進していた。九七年夏、英国との合意で香港は中国に返還されて一国両制が始まり、九九年にはマカオも返還された。台湾との関係も一進一退ながら国民党を通じて経済的な影響力を強めていった。また、持続的な経済成長のためにも日韓両国との関係も良好で、南・北と日本の首脳会談が東アジアでの緊張緩和に役立つとの立場だった。このため、東南アジアや韓国で起きたIMF経済危機にも日本とともに積極的な支援を行ない、東アジア全体の経済成長にも貢献した。EU諸国や米国も中国の協調的な対応を歓迎し、それぞれが自国の経済を発展させながら中国との経済関係を強化した。こうしてグローバル時代が本格化するが、その反面では米国が主導する新自由主義的な経済発展による貧富の格差の拡大など、様々な矛盾も顕在化していった。

2. 日本の動向

この時期は、自・社・さ連立の村山政権が行き詰った後、橋本政権二年半、小渕政権二〇カ月と続いて二〇世紀最後の年を迎える。この間に沖縄では反米軍基地闘争が高揚し、韓国・東南アジアで金融危機が広がる一方、日本では植民地支配への謝罪を含んだ村山談話に反発して改憲を要求する日本会議などの右翼団体が結成された。また、衆議院の選挙制度は小選挙区比例代表並立制へと改変され、少数意見は反映されないまま世襲政治家に権力が集中する時代を迎える。

九六年一月阪神・淡路大震災一周年を前に、前年秋から辞任の意向を示唆した村山首相の退任後、最大与党の自民党総裁・橋本龍太郎が自・社・さ三党連立内閣の首相に就任した。当時、沖縄では前年九月に米兵三人が小学生の少女に暴行した事件が起き、日米地位協定の不当さに県民の怒りが沸騰していた。これを受け、橋本首相は就任直後に訪米してクリントン大統領に普天間基地の返還を要求し、四月日米両政府は全面返還に合意した。ただ、普天間基地の代替案については安全保障・環境政策が絡んだが、名護市長は「移設受入れ」を表明した。だが、それは今日まで続く「辺野古への基地移転」問題の始まりに過ぎなかった。この案の作成過程での過ちは、地元名護市民と沖縄県民の意向を無視した点にあるが、政府の姿勢が首相により大きく異なったことにも起因する。

大別すれば、橋本・小渕政権、そして鳩山政権期には沖縄県民の立場を考慮して米国との交渉に臨んだが、森・小泉政権以降はほぼ米国の主張に沿う形での辺野古移転へと舵を切り、福田・菅直人政権がこれにやや距離を置いた。この三つの立場の違いは、一九九六年以降の日本と米国、とりわけジャパン・ハンドラーとの関係に凝縮され、特に統一教会・勝共連合の関与度がそれを物語る。彼らにとっての沖縄基地問題とは、日米・日韓関係を円滑に進める上での障害物にすぎず、沖縄県民は国策貫徹による犠牲を甘受すべきだというのが、安倍・菅連合政権期における彼ら（一六年参院選時のユナイトなど）の主張であった。

さて八月、新潟県巻町で原発の是非を問う全国初の住民投票が行われ、反対票が六〇％以上に達し、九月には沖縄県で「米軍基地の整理・縮小」と「日米地位協定の見直し」を求める県民投票が行われ、およそ九割がこれに賛成した。こうした中、総選挙が行われて自民党は復調する一方、社民党・さきがけは惨敗して自民党単独政権が復活した。翌九七年には東南アジア諸国でＩＭＦ経済危機が勃発し、日韓両国にも影響が及んだ。特に韓国とインドネシアでは外貨不足が深刻化して社会全体が大混乱に陥る中で政権が交代したが、比較的打撃が小さかった日本はこれら各国への経済支援を通じて信頼関係を再構築した。

とはいえ日本も金融改革に迫られ、「日本版ビッグバン」具体化の金融システム改革法が公布され、大蔵省から分離独立して金融監督庁が発足した。こうした金融不安の中、七月参院選では自民党は四四議席と惨敗したため橋本首相は辞任を表明した。その直後の自民党総裁選で小渕恵三が当選して首相に就任すると、六〇年代以来の経済閣僚として見識の高い宮沢元首相を蔵相に起用してこの難局を乗り切ろうとした。一方の韓国も、やはり経験豊富な金大中大統領が陣頭指揮にあたり、経済危機を正面突破して短期間での回復を成しとげた。そこには日本からの協力もあり、これに感謝する意味でも金大統領が訪日し、小渕首相との間で「日韓パートナーシップ共同宣言」が公表された。そこで小渕首相は、近代日本の韓国への侵略と植民地支配が韓国人に苦痛を与えたと認め、戦後日本の首相として初めて大統領に文面で謝罪した。

だが、これに激しく反発したのが当時胎動しつつあった極右勢力で、彼らは九七年五月日本会議を結成して国旗・国歌法制化をめざす署名運動を展開し、草の根右翼の結集をめざした。そして九九年四月、彼らの主張を代弁する石原慎太郎が東京都知事選に出馬して当選すると勢いづき、八月には国旗・国歌法を成立させて第一段階の目標を達成した。次いでめざしたのが宗教右派勢力の結集で、特に満州人脈・岸―安倍三代と深い関係の統一教会・勝共連合だった。こうして後に明らかになるように、日本会議と統一教会・勝共連合を束ねる安倍晋三の役割が重要になり、安倍・改憲派の原形が形成される。

一方、戦後日本の新興宗教組織としては最大の創価学会は自前の政党である公明党を有したが、冷戦終結を機に九〇年代に世界的な混迷が続く中、活路を模索していた。彼らは日中国交正常化に貢献した事情から親中ではあったが、反共・反韓感情で自民党右派と共鳴しあって自公連立政権へと歩み始める。単独での政権維持が難しくなった自民党側も、選挙で固い支持層をもつ公明党との連携を模索していた。この両党合流の背景には「慰安婦」問題で触発された感情、中国への侵略は認めたものの植民地朝鮮への侵略という認識のない、戦後日本の反韓感情が作用していた。こうして二一世紀初頭の日本政治・社会が準備された。

3．韓国の動向

この時期は、金泳三政権末期に無理な経済成長のツケが金融危機を招き、国際信用度が大幅に下落する国難に直面した。その危機を機会に転じたのが九七年末の大統領選で勝利した金大中で、まず全国規模の「金集め」運動で危機を脱すると、訪日して小渕首相と「日韓パートナーシップ共同宣言」を発して日韓条約体制に風穴を開け、米国の理解を得ながら南北首脳会談への準備に取り組んだ。

まず金泳三政権では、旧来の経済成長路線に拍車がかかり、経済・社会の国際化に向けて邁進した。ただ、財閥中心経済の危険な実態は、九〇年代半ばに聖水大橋の崩落やデパート崩壊などの大型事故の続発を招いた。それらを放置したまま、宿願の先進国入りをめざして九六年末にOECDに加入、九七年には東南アジアで発した金融危機に連動してIMF危機を迎える。それというのも、政権当初の債務が九六年には倍増し、経常収支も九六年には二三〇億ドルを超える赤字となって対外債務が急増した。それでも先進国入りをめざす金泳三政権は、準備も不十分なままでOECDに加入した。これに並行して労働関係法の改悪を強行して労組や市民団体から猛反発される一方、ある中堅財閥への不正融資が発覚した時、次男金賢哲の関与が判明して彼は逮捕された。こうして政権への信頼が失墜すると、そこに為替レートの急落によるＩＭＦ危機が直撃し、統治能力を失ったまま九七年大統領選を迎えた。

この選挙は、主に金大中・李会昌・李仁済の三者対決となったが、その序曲は、九四年七月金日成主席死去時の金泳三の姿勢に失望した金大中が、地方選後に政界への復帰を決意したのに始まる。翌年の総選挙で第一野党になった金大中は、第二野党の金鍾泌とも協力して政権批判を強める。そうした中、労働政策や経済政策での金泳三政権の失敗が露呈し、九七年夏にはＩＭＦ危機に突入する。

この頃、与党内では日帝時代からの名門出身エリートの李会昌（イ・フェチャン）と若手のホープ李仁済（イ・インジェ）が予備選で激突し、李仁済は脱党して三つ巴戦となった。この時、金大中はＫＣＩＡ出身の政治家で、忠清道に支持者の多い金鍾泌との候補一本化に成功した。それは、両者とも単独では勝てないという認識とともに、深刻なＩＭＦ危機下では経済・外交に精通した金大中以外は難しいとの判断だった。選挙結果は金大中約40％、李会昌約39％、李仁済約19％で、2％未満の僅差で金大中が辛勝した。なお、異なる政党の候補が一本化して選挙に勝利したのはこの時だけで、全く背景が異なる両金氏が大統領と首相を務める政権が誕生した。とはいえ、やはり決定的だったのは経済危機下で表面化した与党内の分裂であり、李仁済の出馬により政権交代が実現した（経済危機の克服後、南北和解をめぐる対立から金鍾泌首相が辞任すると、李仁済は弱体化した政権に合流し、与党内での次期大統領をめざした）。

当選後に政権を引き継いだ金大中は非常事態体制で臨み、ＩＭＦ危機の克服に向けて国際的信用度の回復に努めた。この経済的国難にあたって国民も「金集め運動」を自発的に展開し、国際市場の金価格が低下するほどの成果を収めた。その反面、グローバル化に向けた経済改革をかなり強引に推進し、それは主に労働者に犠牲を強いる結果を招いた。こうして一年でＩＭＦ危機をほぼ克服した金大中政権は、日本との関係改善と南北首脳会談という二大課題に取り組む。前者は九八年一〇月の「日韓パートナーシップ共同宣言」に結実し、小渕首相は共同会見の席で初めて「植民地支配への反省」に言及し、平成天皇もまた金大統領に植民地支配への「深い悲しみ」を表明した。

この日韓関係の改善を基盤にして「南北平和共存」を骨格とする南北首脳会談が準備されるが、二〇〇〇年六月開催を公表した四月初めに小渕首相が倒れ、翌月そのまま急

ソウルの日本大使館前の水曜デモ（撮影　谷野隆）

死、後任には保守派の森喜朗が選出された。また四月総選挙で与党が過半数に及ばなかったのも打撃だった。この選挙では不適格な議員の落選運動が市民の間で盛り上がったが、ソウル首都圏では進歩勢力との協力が不発に終わり、保守派に議席を奪われる選挙区が多かった。

ところで、金泳三から金大中へ、この与野党の政権交代によって何が変わり、何が変わらなかったのか。まず金鍾泌との政策協定により容共攻撃を封じた金大中は、国会では少数与党のため金鍾泌首相を任命した。また、「参加民主主義」を掲げながらも保守派の要求に応じて国家保安法は存続し、国民の参加も制限された。それでも、日韓・南北共存に基づく社会・経済の安定化を最優先させた点で日韓共同宣言と南北共同宣言は高く評価できる。また、「南北の和解・平和」と「国民参加の民主主義」を表裏一体と認識して市民運動を活性化させた。

さらに、金大中政権は南北の平和共存、対日関係の改善、市民運動の発展、インターネット社会化、文化立国への出発という五点で画期的な意義をもつ。特に前二者は国際社会でも高く評価されてノーベル平和賞の受賞理由となり、後三者は今日の韓国社会を生み出す基盤となったが、選挙での政権交代も特筆に値する。

＊日韓現代史における安倍晋三と朴槿恵①

米ソ冷戦が終結して南北分断体制が揺らぎ出す九〇年代半ば、日韓両国で起きた政権交代期に、最高権力者を輩出した直系家族の後継者が政治家になる。安倍晋三と朴槿恵である。安倍は岸信介の孫として一九五四年九月東京で生まれ、大学時代まで東京で育った。幼少時から母方の祖父・岸の薫陶を受けて育ち、七〇年代まで身近な環境に統一教会との接点があった。大学卒業後に会社員になるが、二〇代後半には外相だった父の秘書となり、その父が急死した後の九三年政権交代時の選挙で衆議院議員となる。一方、朴槿恵は朴正煕の娘として朝鮮戦争下の一九五二年大邱で生まれ、父が軍事クーデターで大統領になった後ソウルで育った。大学卒業後のフランス留学時に母が急死するとファーストレディ役を務めた。父の死後、約二〇年間は財団理事長を務めていたが、九八年IMF危機下で金大中政権が成立した直後、大邱の補欠選挙に立候補して国会議員となった。国会議員になった後の安倍と朴は、親から引き継いだ人脈と支持者の期待に応えて保守派既得権層の中軸として要職を歴任し、安倍は一年首相を務めて辞任後に再起を期して一二年末に最高権力者の日本首相に、朴も一三年二月に女性初の韓国大統領に就任した。

＊「南北分断体制」論と「近代の二重課題」論

「南北分断体制論」は、韓国民主化闘争の代表的理論誌『創作と批評』の編集人で英文学者の白楽晴によって米ソ冷戦体制の解体期に提唱された。次いで九〇年代末からは「近代の二重課題」論と連動して東アジアの近・現代史を考察する極めて重要な理論である。その要諦は、南北双方の安保（公安・軍部）勢力が一面で対立・対峙しながら、同時に共生関係にあると認識し、双方の実質的な共存・協力関係こそが南北分断体制を自己再生産すると指摘する。そして、南北の既得権勢力とこの体制の被圧迫者である南北の民衆を主要な対立軸としてとらえるが、南北の既得権勢力はそれぞれで分裂しており、両政権とも絶対的な善でも悪でもないと考察する。その上で、朝鮮半島の分断現実は米ソ冷戦体制と南北の各体制という二つの次元の体制概念だけでは解明できないと認識する。つまり、米ソ冷戦体制、南北分断体制、南北の各体制という三つの次元で把握する必要があり、米ソ冷戦下で安定していた分断構造が、冷戦終結と韓国の民主化により揺らぎ始めたという現状認識を提示する。この理論の本質は今日も有効であり、世界史的な視野から東アジア社会を再検討する「近代の二重課題」論と連動し、その歴史的意義を提起している。

◆関連書籍

①朴慶植『朝鮮人強制連行の記録』（未来社、1965年）

②李鶴来『韓国人元ＢＣ級戦犯の訴え』（梨の木舎、2016年）

この2書は、日中戦争後の戦時体制下で植民地朝鮮から強制「徴用」された人々の記録である。①は、1965年日韓条約の締結時に刊行された労作であり、その全体像を記録した今も必読の名著である。特に冒頭の写真とともに、近代日本が朝鮮民族に与えた虐待の実態を実事求是で告発する一方、「朝鮮と日本の友好親善、真の平等な国際的連帯」を願う著者の「まえがき」が今なお重く残る。また②は、内海愛子『朝鮮人BC級戦犯の記録』（岩波現代文庫、2015年）が残された記録から朝鮮人戦犯の実像を追う契機になった著者自身の記録で、韓国・朝鮮人戦犯が日本人として裁かれ、外国人として日本から切り捨てられた不条理を問う。3書を通読すれば、近代日本の植民地支配の無慈悲と苛酷さが際立つ。

＊「日韓パートナーシップ宣言」の画期的意義

大統領に当選直後、ＩＭＦ経済危機の克服に向けて陣頭指揮に立った金大中は、これに呼応する市民が始めた「金集め」運動を積極的に支援して大きな成果を上げた。日本でも金大中拉致事件を記憶する市民や政治家が奇跡的な復権に驚き、韓国支援の動きが起きて日韓関係は急展開した。ただ当時は日本でも銀行や証券会社の破産が相次ぎ、金融監督庁を発足させて金融ビッグバンを本格化させる。そして、東京に米・欧・アジア主要国を招いて緊急通貨会議を開催し、通貨安定に向けた協力を要請した。こうした国際協力もあって通貨危機を一年で克服できた韓国は、日本に感謝の意を表すとともに新たな日韓関係の構築を提案した。それが金大中訪日時に公表された「日韓パートナーシップ共同宣言」である。その中で小渕首相は、日本が「韓国国民に対し植民地支配により多大な損害と苦痛を与えたという歴史的事実を謙虚に受けとめ」「痛切な反省と心からのお詫び」を述べた。金大統領は、首相の歴史認識の表明を真摯に受け止め、「和解と善隣友好協力に基づいた未来志向的な関係をお互いに発展させる」と表明した。この認識は日韓関係の基本精神として今も重要だが、安倍政権下では完全に無視されて両国対立の一因となった。

3. 自公連立政権の確立（二〇〇〇年春～〇六年秋）

1. 国際情勢

二〇世紀から二一世紀へ、その節目の二〇〇〇年はイラン総選挙で改革派の圧勝で始まり、EUとアフリカ首脳会議の初開催、国連女性会議の開催と続き、六月には朝鮮半島の南北首脳会談が初めて開催された。また、同月に米ロ首脳会談が開かれ、その後オルブライト国務長官は中国・韓国・朝鮮を訪問し、メキシコでも七一年ぶりの政権交代があった。こうした新世紀へ向かう流れの中、翌年夏には南アフリカのダーバンで国連主催により「反人種差別」会議が開かれ、奴隷制度と植民地支配への反省をこめた「ダーバン宣言」が採択された。

だが、これと逆行するように、一一月米大統領選挙ではブッシュ候補がゴア副大統領に僅差で勝利し、ネオコンが政権中枢を掌握すると、発足直後にイラクを空爆する一方、南シナ海でも米・中軍用機のニア・ミスがあった。こうした緊張激化の延長上で、〇一年「9・11テロ」事件が起きるとブッシュ大統領は「対テロ戦争」を宣言する。具体的には、翌月米・英軍はアフガニスタンを空爆して地上戦を開始し、翌年初めにイラン・イラク・北朝鮮の三国を「悪の枢軸」と名指しし、世界的規模での「対テロ戦争」を呼びかける。特にイラクに対しては大量破壊兵器を保持していると決めつけ、国連査察団が否定した報告書も無視し、〇三年三月劣化ウラン弾を用いながら軍事侵攻を開始してバクダッドを占領した。わずか一カ月余で「戦争勝利」を宣言してイラクでの占領統治を開始し、年末にはフセイン大統領を逮捕・拘束した。

この圧倒的な軍事力を背景にした米国の横暴に対し、欧州単一通貨の流通を開始して二五カ国体制へと拡大したEU諸国も東アジア諸国も、基本的には沈黙した。〇三年WTO（国際貿易機構）閣僚会議が先進国と途上国の対立で決裂する一方、気候変動問題では〇五年に京都議定書が発効して国連の機能も限定的には持続していた。とはいえ、米国主導によるグローバル化が世界を席巻する中、あまりに一方的なイラク侵攻（結局、大量破壊兵器は発見されなかった）を目撃したイランと朝鮮は危機感を強めた。その結果、核兵器の開発を進めるという判断を下し、イランとの核交渉も行き詰まるほかなかった。

こうした逆作用により最も事態が深刻化したのは、イラク国内外を含む中東地域だった。特にイラクは、米国の占領統治下でもイスラム原理派の抵抗は止まず、しかもシーア派とスンニー派の対立も激化した。加えて、アラブ内の民族・国家・宗教対立は複雑を極め、その渦中にある米国は軍事力を有するだけで、歴史的・文化的背景に対する理解が全く欠けていた。バグダッドを占領してフセイン政権を打倒した後、米国は経済的な利権だけでも確保しようとした。だが、安定した中央政府どころか治安の維持もままならず、イスラム国の拡大に対処するためにはクルド勢力を加えた地域分割まで認めざるを得なかった。〇五年秋にイラクで新憲法が制定された時、二年半の占領統治は完全な失敗に終わったことが露呈し、侵攻時の「戦争勝利」で何を得たのか、米国人自らが問わざるを得なかった（〇六年末にフセイン元大統領の死刑を執行したが、その後もイラク国内の混乱は続いた）。

＊二一世紀初頭、米国の東アジア外交戦略

〇一年初め、ブッシュ政権が誕生して以来の二〇年間、米国の東アジア外交戦略は中東地域で戦争状態が続いたため、「中国・朝鮮への敵視」を基本方針とする現状維持に重点が置かれた。ただ、ブッシュ政権とオバマ政権の各八年でも時期と外交統括者によって微妙に違い、またトランプ政権四年はかなり異質だった。その基本戦略を作成したのはブッシュ政権初期のネオコン（新保守主義）を代表するボルトンで、これにナイ、アーミテージ、グリーンなどのジャパン・ハンドラー（JH）が関与して日本を中心にして対北強硬派を育成した。彼らは、クリントン政権期の協調外交を否定し、金大中の南北和解政策に対抗するため安倍晋三らの安倍・改憲派を積極的に支援した。彼らの戦略が具体化された最初の転機が、〇二年秋の小泉訪朝後の拉致問題の争点化であり、第二の転機が一〇年春の天安艦沈没事件であった。これらの転機を通じて韓国社会内では従米・分断派を煽ると同時に、日本の平和主義を解体して「改憲」を実現させ、米軍の役割を自衛隊に肩代わりさせようとしてきた。この東アジア戦略は安倍政権の崩壊後も続いているが、気候危機や環境問題などを考えると、米・中の協力なしには解決できない課題が山積している。

2. 日本の動向

この時期の日本は、森政権一年、小泉政権五年半だが、自民党内の状況は森政権期に大転換した。加藤紘一などのリベラル派がほぼ消滅し、安倍・改憲派が急成長した。その流れを党内から社会へと拡散させたのが小泉首相であり、訪朝後に爆発した拉致問題がその契機になった。だが、この拉致問題は「朝鮮停戦体制」が存在し続けていたことの証であり、政治解決が必要な課題だったが、逆に安倍・改憲派に政治的に悪用されて解決への道は遠のいた。

二〇世紀から二一世紀へ、日本も二〇〇〇年に大転換が始まる。九〇年代に先鋭化した新旧の二大潮流は、同年四月森首相の就任を機にして旧勢力主導の右派政権へと移行し、紆余曲折の果てに二〇年余り続いて日本政治・社会を激変させた。それは単なる右傾化ではなく、戦前回帰を志向する安倍・改憲派の台頭であり、具体的には安倍晋三を扇の要にして極右の日本会議と統一教会のトライアングルが形成・発展して長期政権を掌握する過程であった。

それは当初極めて不人気な森政権の成立で最初の転換が始まり、約半年後の「加藤の乱」という自民党内リベラル派の倒閣運動が完全に失敗して大転換が本格化する。振り返れば、二〇〇〇年四月の小渕首相の急病・急死は、日本社会と日韓関係に甚大な影響を与える最初の転換点だった。九八年「日韓パートナーシップ共同宣言」によって日韓条約体制に代わる新たな日韓関係が始まり、二〇〇〇年南北首脳会談と平壌宣言を経て南北関係が改善され、日韓関係や東アジア全体が大きく変わるはずだった。それは金大中大統領が描いた東アジア平和戦略であり、もし小渕首相が健在なら、この流れに日本も合流していただろう。

だが、小渕首相の緊急入院後、密室人事により後任は約二〇年ぶりで清和会の森に決まり、国会で追認された。彼は首相就任間もなく「神の国」と称したが、六月の総選挙では三党（自民党、公明党、保守党）連立で過半数を確保する。そして、これを表看板に掲げて統一教会の選挙協力も得ながら自民党と宗教勢力による連合が形成される。その際、彼らは諸宗教を所管する文科省・文化庁を掌握して、選挙動員も可能な宗教勢力との関係を強化していく。

ところで、当時の自民党周辺は多くの派閥やグループが割拠する複雑な状況で、また森首相の支持率は低迷していた。この状況を反映して党内リベラル派の旗手だった加藤紘一は、一一月衆院本会議で野党が内閣不信任案を提出する動きに見せて森政権打倒を図った。だが、この「加藤の乱」は失敗して自民党内の権力関係は一変し、極右勢力が政権中枢を掌握する。これが第二の転換点となった。

彼らはテレビ・新聞など報道機関を所管する総務省に様々な圧力を加え、特にテレビの放送内容への介入を強める。その契機が、同年末に「従軍慰安婦」問題を中心にした「女性国際戦犯法廷」をめぐるNHKの番組への安倍晋三らの政治介入である。こうして安倍・改憲派が形成されるが、やがて森首相は支持率が極度に低迷して一年で退任する。その後を継いだ小泉純一郎首相は、「自民党をぶっ壊す」と主張しながら、実は安倍晋三を後継者にする役割を担った。彼の首相就任が第三の転換点となった。

彼は「劇場型政治家」を自負したが、靖国参拝に対する中国や韓国の反発を逆手にとって宗教右派を結集させ、衆参四回の選挙に圧勝した。思えば、九〇年代に米ソ冷戦体制が解体して混迷する中、彼が日本の政治家として傑出していたのは、国内外の政治状況に対して常に「二股」の選択肢を用意したことだ。また、諸般の事情を勘案してまず自らがその一方を選択した上で、その選択結果を党内および国民に問う方式を採用した。例えば外交では、「9・11テロ」事件でブッシュ政権を支持して日米同盟を強固にした上で、中国・朝鮮とのパイプを生かして翌年秋には日朝首脳会談を実現させた。しかも、韓国で予想外の盧武鉉政権が成立すると、米国と協力してその影響力を封じ込める六カ国協議を継続させ、他方では〇四年に再び訪朝して拉致家族の子も連れ帰った。また国内では、「郵政民営化」という課題を設定した上で、これに対する選択を国民に問う形での「劇場型選挙」を通じて抵抗勢力を排除し、自らの目標達成に向けて邁進した。

結局、小泉政権は五年半続くが、この間に自公連立政権が確立され、宗教勢力との選挙協力も進展した（その裏では、統一教会の自民党への浸透も強まった）。また、ブッシュ政権のアフガニスタン・イラク侵攻を全面的に支持し、日米同盟における役割分担にも応じて有事関連三法やイラク復興支援特措法、自衛隊の多国籍軍への参加など、米国への追従を深めた。さらに、〇五年秋に郵政民営化を問う総選挙で大勝して「自民党の再建」に成功し、〇五年秋に自民党の改憲草案を決定するとともに靖国神社への参拝を強行した。これらに加え、新自由主義に基づく経済政策やJHとの関連などを総合すれば、自民党の現状はその諸矛盾も含めて小泉政権期に形成されたと言える。任期を一年延長して〇六年秋に退任した彼は、福島原発事故後は脱原発を主張している。

2000 年 6 月最初の南北首脳会談

3. 韓国の動向

この時期の韓国は、二〇〇〇年六月の南北首脳会談によって新たな歴史が始まり、〇二年の大統領選に勝利した盧武鉉（ノ・ムヒョン）が大統領に就任して変革の流れはさらに強まった。だが当時、米国ブッシュ政権はイラク侵攻を強行し、自らは「テロとの戦争」と強弁して世界各国、とりわけ韓国の社会変革にブレーキをかけた。戦争は敵か味方かの二者択一を迫るため、（準）戦時下での民主化は極めて難しい。「南北分断体制の動揺」も、その後米・日が介入する形で朝鮮停戦体制の再編が図られた。

南北首脳会談前後に日韓両国は大きく変動し、また両国内での路線対立が表面化する。韓国の場合、それはかなり明確で、当時の金大中政権の南北和解政策をめぐる賛否であり、その後二〇余年にわたる主要な争点となって革新（進歩）派と保守（守旧）派を二分してきた。つまり、前者は長期の平和共存に基づく連合国家を志向し、後者は吸収統一を念頭に分断・対立を扇動した。この路線対立は政権ごとに違いが明確で、前者は金大中・盧武鉉・文在寅政権へと、後者は李明博・朴槿恵政権期から現尹錫悦政権へと継承されてきた。

その原点は、南北首脳会談の是非が争点となった二〇〇〇年四月の総選挙であり、この時二つの大きな流れが市民運動と政権内から表出した。前者は「腐敗議員の落選運動」と呼ばれ、旧来の既得権層の中でも特に腐敗した国会議員として何人かが指名され、彼らへの落選運動が新しいタイプの市民運動として強力に展開された。他方、政権側は史上初の「南北首脳会談の六月開催」を公表し、南北和解・太陽政策への期待と不安が一気に高まった。この問題をめぐっては政権内でも激論が展開され、保守派の金鍾泌首相は抗議する形で辞任を表明した。

結局、総選挙は双方「痛み分け」に終わり、水面下で連携していた金大統領と市民運動側の劇的な勝利は実現しなかった。特にソウル首都圏では与党が僅差で敗れる選挙区が多く、過半数に及ばなかった。その原因は、①進歩勢力との提携が不十分で、②南北和解政策への不安が根強く、③日本の小渕首相の急死、などが挙げられる。特に第三点は、日本での首相交代が南北和解政策に与えた影響は大きく、日韓パートナーシップ共同宣言の意義を半減させた。

ともあれ、金大中政権下では映画・音楽を中心にして日本文化の開放が進み、〇二年サッカーW杯日韓共催時には日本との文化交流が本格化して市民の相互理解を深めた。ただ、「慰安婦」問題など個人レベルの戦後補償に関する理解や認識が日本では深まらず、政府間の対立が激化すると市民交流も停滞しがちだった。

さて、この南北和解政策を継承するか否かが問われたのが〇二年大統領選だった。年初に与党内で二〇〇万人が応募した予備選が始まると、当初は九七年大統領選に出馬した李仁済が最有力だったが、和解政策の継承を明言した盧武鉉は党内外の市民をノサモという支援運動に組織し、長丁場を勝ち抜いて与党候補に選ばれた。一方、野党は前回と同じく李会昌で、サッカーW杯の成功で人気上昇の鄭夢準を加えた三つ巴戦になった。その後も紆余曲折があり、盧と鄭の候補一本化なしには勝てない状況でテレビ討論、世論調査などを経て、僅差で盧が与党統一候補に選出された。その後、鄭が盧への支持を撤回すると、逆に若者中心の盧支持派が結集して1％余りの僅差で李会昌に勝利した（わずか一日で大逆転した）。

この大統領選における盧武鉉の勝利は画期的だったが、盧武鉉政権の評価は極めて難しい。朝鮮半島の情勢が最も複雑で微妙な時期に、民主化闘争で鍛えられた両金（金大中・金泳三）時代の後継者となった盧武鉉はあまりにも純粋で政治的素人と言える面があった。それが彼の魅力であり、就任当初の彼の国内での人気は沸騰し、ブッシュ政権と小泉政権という日米同盟に抗して反米・反日の姿勢を貫くことを支持者は期待したが、それは極めて難しかった。また、金大中と金泳三を支える地域感情の克服を掲げた彼が、韓国内をまとめるのも難しかった。結論から言えば、彼はこの二つの難題に果敢に挑戦し、結果として挫折した。

この難局で唯一の突破口とは金大中の南北和解政策を全面的に継承し、まず南北首脳間の信頼関係を確立して平和維持の枠組を固めた上で国内改革、社会・経済の民主化に取り組むべきだった。彼の最初の失敗は金大中政権時の南北和解政策の裏面（カネの流れ）に対する無理解から、人権弁護士時代の原則を持ちこんで金大中側近の朴智元の逮捕に同意したことだった。これを機に、経済界では父の遺志を継いで南北関係の改善に積極的な現代財閥の鄭夢憲会長が自殺し、北は盧政権の基本姿勢に疑念を抱いて南北共同事業は勢いを失った。また、就任時に最大の難題だった米国のイラク派兵に参加したのは、米韓同盟下ではやむを得ない選択だったが、ブッシュから「悪の枢軸」と名指しされた金正日委員長は盧政権に対する不信を深めた。結局、南北関係は盧政権の末期になって改善されるが、時すでに遅く政権交代によって水泡に帰した。

＊W杯共催と冬ソナ・ブーム――日韓市民交流の本格化

〇一年ニューヨークでの「9・11テロ」事件により米国そして世界は一変したが、東アジアでもその影響は大きかった。その後、特に日本は米国への追従を強めるが、小泉政権期は米国と東アジアの間でまだ「二股」をかけていた。その節目が〇二年日朝首脳会談であり、国内外の動向を検討しながら米国への追従を選択していく。当時、〇二年年頭教書でブッシュ大統領は朝鮮を「悪の枢軸」と名指しして強硬姿勢をとった。一方では、W杯共同開催により日韓関係は緊密化し、「冬ソナ・ブーム」などかってない文化交流の高まりを見せた。この流れで九月、小泉首相は平壌を訪問して日朝首脳会談をへて共同宣言を発表する。そこでは、①村山談話に基づく植民地支配への反省と謝罪、②東アジアの平和と安定、③経済協力を前提にした国交正常化、などを確認した。本来ならばここで韓国とも協力して日朝関係の改善を進めるはずだった。だが、共同宣言発表後の記者会見で小泉首相は拉致問題から語り出し、そこに焦点を当てた。その後の日本では拉致問題を中心に朝鮮への攻撃が激化し、日朝国交正常化への動きは完全に止まった。その一方、年末の韓国大統領選では平和共存派の盧武鉉大統領が誕生し、日韓関係でも相互不信が強まる。

◆関連書籍

①盧武鉉『韓国の希望　盧武鉉の夢』
（青柳純一編訳、現代書館、2003年）

②盧武鉉『私は韓国を変える』（青柳純一訳、朝日新聞社、2003年）

この2書は、在韓時の私の代表的な翻訳書。①は、2002年大統領選挙で盧武鉉候補が当選した直後に出版され、彼の生い立ちや人柄についてノサモ（盧武鉉を愛する会）の代表的評論家・柳時敏のインタビューを交えて紹介し、「解説─現代韓国政治史における盧武鉉」では彼が大統領に当選した歴史的意義を強調する。また②は、選挙戦の渦中で出版された盧武鉉の著作を、大統領に就任直後に翻訳・出版したもので、大臣時代のリーダーとしての抱負が語られる。特に、21世紀のリーダーとしての発想転換から書き出し、「東北アジアの平和と繁栄」に向けたビジョンを熱く語る。拙著『これだけは知っておきたい韓国現代史』（社会評論社、2004年）でも、盧武鉉政権の誕生に至る韓国現代史を概観した。

＊南北和解政策と〇二年大統領選の画期的意義

金大中大統領は米国が支持して日本が反対せず、金正日委員長が同意すれば南北首脳会談は実現可能と判断していた。九九年「ペリー報告書」で米国が支持すると、翌年三月ベルリン訪問時に朝鮮に特使を派遣して秘密交渉を開始した。四月総選挙にあわせて南北首脳会談の開催を公表したが、小差で過半数の獲得には失敗した。そして六月、朝鮮戦争の勃発以来五〇年、初の南北首脳会談が開かれた。

その後、この和解政策を継承するか否かが問われたのが〇二年大統領選で、李会昌と盧武鉉という対照的な候補が激突した。植民地期の名家でエリート裁判官の李に対し、貧困家庭で苦学して高卒の人権弁護士の盧は、八七年民主抗争を機に民主勢力を代表する庶民的政治家となった。彼の乏しい資金は清廉さを、高卒の学歴は学閥・門閥からの自由を象徴し、和解政策を継承して「東アジアの平和と繁栄」というビジョンを掲げた。また、盧が採用した国民の募金方式による選挙は初めて、ネットを活用した選挙戦も初めてだった。投票結果は盧が僅差で勝利したが、世代間や地域間の偏りに加え、世論調査の影響により有力候補も大きく変動し、市民参加の予備選挙も活況を呈するなど、時代を画する選挙であった。

4．自民党の世襲政権（二〇〇六年秋～〇九年秋）

1．国際情勢

この時期の米・日・韓三国の政治・社会的な変化は微妙にすれ違う。当然、世界的な覇権国家として最大の影響力を誇るのは米国だが、ブッシュ政権はイラク侵攻の「勝利宣言」後、むしろ中東全域で主導権を失って泥沼に陥った。というのも、侵攻の口実だった大量破壊兵器はイラク国内で発見されず、イラク内外での「対テロ戦争」もイスラム国（ＩＳ）等の武装勢力の台頭を招いたため信用は失墜した。こうした政策への責任と批判もあり、パウエル国務長官が辞任するとその後任には非白人系女性として初めてコンドリーザ・ライスが就任した。元来、学者肌の彼女はロシア語が堪能で東アジア情勢にも詳しく、核問題では六カ国協議（南北に日米中ロ）を通じて朝鮮半島における核管理を実現しようとした。この六カ国協議は、〇五年九月と〇七年二月に重要な合意に達するが、その実施段階で双方の不信が露呈して挫折した。その主因は韓国での政権交代にあるが、北の場合は金正日委員長に健康不安が生じ、日本では一年ごとに三人の首相交代があった。結局、この合意は実現されず、不信感を増幅させただけだった。

なお、〇八年一月にブッシュ政権はイラク政策の失敗を認め、国民に謝罪するとともにイラクを含む中東地域への増派を宣言した。とはいえ、これを支えるべき米国経済は〇七年秋から低所得者層向けの住宅融資（サブプライム・ローン）問題に端を発する動揺と混乱が金融市場に広がっていた。そして、〇八年秋には投資銀行リーマン・ブラザーズが破綻して世界的にも金融危機が深刻化する中、大統領選挙が行われた。その結果、急進派から穏健派まで幅広い改革勢力を結集した非白人系のオバマが民主党候補となると、政策的にも破綻していた共和党からの政権交代を実現させて大統領に就任した。

そして、〇九年四月のＧ20金融サミットやＥＵ諸国との連携を強化して金融危機の沈静化に努めた。また同じ頃、オバマ大統領はプラハで「核なき世界をめざす」演説を行なうと、秋には国連も安保理で「核なき世界」を初決議し、また気候変動サミットを開くなど経済や環境問題での国際協力を活発化させた。こうした業績とともに、米国最初の非白人系大統領という新鮮さが世界に与えた影響なども評価され、〇九年ノーベル平和賞を授与された。

一方、この数年の間にロシア周辺ではプーチンを中心に強権的な体制が確立されていった。〇六年夏、ロシアを含むG8首脳会議がサントペテルブルクで開かれる一方、チェチェンをめぐる紛争激化に加えて亡命ロシア人の暗殺などがあり、二期目末のプーチンは長期執権を画策していた。そこで考えたのが首相と大統領の入れ替えで、〇八年三月メドベージェフ大統領下の首相に就任して実権を手放さなかった（この手法の狙いが判明するのは四年後、プーチンが再び大統領に復職した時であり、その後彼は一四年にクリミアを併合して強権体制を確立した）。

また中国は、胡錦涛主席の下で〇三～〇六年連続で二桁の経済成長を遂げ、米国の政治・経済が停滞する中で国際的な影響力を持ち始めた。だが、国内では浙江省やチベット、ウイグル自治区で暴動が起こり、地震の被害も四川省などで相次いだ。結局、高度経済成長が続く一方で貧富の格差が広がり、周辺地域で民族問題が噴出するなど様々な内部矛盾が激化していった。

2．日本の動向

この時期は、安倍・福田・麻生と世襲政治家三人が次々に首相となり、その前後の小泉と鳩山を合わせれば五代に及ぶ。小泉以外は一年程度の短命で終わり、支持率も初期を除くといずれも低迷した。それでも日本で世襲政治家が有利なのは、代替わりの利益共同体と化した後援会組織と、それを支える保守的な政治文化と制度の存在があり、安倍・改憲派の多くがその恩恵を受けている。

〇六年九月、小泉首相の支持を得た安倍晋三は「美しい国・日本」を掲げて総裁選に勝利し、戦後最年少で首相に就任した。この政権移行時、対外的には米・中と南北の動向への配慮があり、対内的には新自由主義によるグローバル化を基調にして自民党政権の基盤を拡大・強化する小泉流の二股戦略があった。安倍首相はまず一〇月に中国・韓国を訪問し、相方となる胡錦涛主席、盧武鉉大統領と相次いで首脳会談を行ない、翌年一月三国首脳会談を開催する。この間、一二月には日本会議が重点政策に掲げた防衛庁（省昇格）設置法と教育基本法を抜本的に改定して支持勢力に応えた。当時ブッシュ政権はライス補佐官中心に六カ国協議では朝鮮の核施設停止に合意するなど硬軟とり交ぜた対応をしていたが、これに反対する安倍首相は、拉致問題の解決を主張して朝鮮への強硬策を堅持した。

また彼は、憲法改正に向けた布石として〇七年五月に国民投票法を成立させたが、同年初めに国民年金の記録記入漏れが五〇〇〇万件に上ることが発覚し、事態の解明にも消極的で国民の怒りを買った。これに加え、閣僚の不祥事による辞任も相次いだため、七月参院選では歴史的大敗を喫した。その結果をみた自民党内でも批判が高まったが、安倍首相は政権存続に固執した。だが九月になると、病気を理由にして辞任し、首相の後任には福田康夫が選出された。ただ、参院選の大敗によって衆参両院は「ねじれ国会」となり、その後の政権運営には大きな負担となった。

福田政権は周辺国との関係を重視して日朝交渉にも積極的で、一〇月の南北首脳会談にも前向きの姿勢だった。また、一二月サブプライム・ローン問題で米国発の世界金融不安（後にリーマン・ショックへと発展）が広がったが、〇八年五月胡錦涛国家主席が来日して日中両国の友好関係を確認し、六月東シナ海のガス田も共同開発で合意に達した。一方、朝鮮半島情勢は韓国で従米派の李明博政権へと交代し、八月末には金正日委員長が急病で倒れるなど不安定な状態が続いた。

ところで、国内では一月に薬害肝炎救済法が成立して薬害患者への支援が法制化され、四月には後期高齢者医療制度が始まるなど医療・介護制度の整備が進んだ。しかし、この間も年金問題は進展せず、長期化するばかりで解決策は見えない（九月社会保険庁は年金記録の改ざんは七万件近くに達すると公表）ために首相の責任が追及され続け、六月参院では首相問責決議案が可決された。こうした中、七月に洞爺湖でG7サミットが開かれて各国首脳が日本を訪問し、五月の日中首脳会談でも「戦略的互恵」関係で一致するなど、外交面ではそれなりの実績を重ねた。一方の内政は経済中心に停滞する中、能登半島や宮城・岩手の内陸部に次いで沿岸部でも地震が起き、秋葉原での無差別殺人事件まで発生した。結局、八月に改造内閣を発足させたが行き詰まり、直後の九月に「あなたとは違います」というマスコミ批判とともに退陣を表明した。

後任には麻生太郎が首相に選出されるが、「ねじれ国会」の影響で就任は遅れた。また、その選出過程を見ても安倍―福田―麻生と三代続けて世襲政治家が選ばれ、前任者二人は政権を投げ出した上に、問題発言や漢字を読み違えるなど基本的な資質にも問題があった。それでも、「選挙の顔」として選ばれた以上、首相には早急な解散・総選挙が求められたが、就任早々に米国発の金融危機、リーマン・ショックが株式市場を直撃して株価は急落し、解散の先送りが決定された。ただ、解散を先送りしたことで野党の攻勢は強まり、それにつれて内閣支持率も急落した。この時点で年末解散案も検討されたが、支持率が20％前後まで落ち込んでいたため、自民党内ではむしろ「麻生おろし」の動きが強まった。こうして〇九年春、麻生内閣の支持率は10％台にまで低下したが、民主党小沢代表にも不明瞭な金銭問題が表面化したため、与野党を超えた政界再編の動きも見られた。

そうした中、五月民主党代表に鳩山由紀夫が就任して党勢を立て直す一方、麻生政権内では郵政民営化路線の見直しにより亀裂が生じた。その上、二月に中川財務大臣が辞任した後も閣僚の不祥事が相次いだため、麻生首相の退陣と衆院解散への要求が党内外で高まった。そして七月、東京都議選で自民党が大敗すると、選挙の先送りが画策されたが、結局は解散権を行使できず、任期満了直前の八月末の選挙を確定させて国会は事実上閉幕して選挙戦に突入した。その結果、民主党が圧勝（自民党一一九議席に対して三〇八議席）してついに政権交代が実現し、鳩山由紀夫が首相に就任した。

＊自民党世襲政権（政治家）の弊害

〇一年に発足した小泉政権以来、日本では自民党の世襲政治家が一八年以上も首相を務めている。民主党政権初代の鳩山首相を加えれば、その比率はより高く、世襲でない首相は菅直人、野田佳彦、菅義偉の三人合わせても四年に過ぎない。この比率は普通選挙を実施する国々では突出しており、最高権力者の出身基盤が限定されることによる弊害は極めて大きい。つまり、封建社会に匹敵するシステムが現存しており、それは社会・経済全般に停滞をもたらす。このシステムが確立された契機は一九九六年に衆院選に導入された小選挙区制であり、これは世襲政治家に圧倒的に有利な制度である。俗にいう、地盤・看板（知名度）・かばん（カネ）の三大要素に加え、後援会組織と政界人脈を親の代から引き継げる特典がある。また、代替わりした親も地域内での地位を確保し、利害共同体としての後援会も存続できる。以前の中選挙区制では、自民党内派閥の「骨肉の争い」を通して政治家が磨かれ、また小政党の候補者でも政策論争を活発に展開して当選可能だったが、現行制度では極めて難しい。加えて、政権幹部中心の党運営が長期化して政治腐敗が深刻化し、安倍政権下では統一教会との癒着が蔓延する基盤ともなった。

3．韓国の動向

この時期は、南北共存派の盧武鉉政権から従米・分断派の李明博政権への移行期であるが、経済的には比較的順調な発展を遂げていた。ただ、米国産の輸入牛肉に対する不信がキャンドル集会という形でまず中・高生から噴出し、また米国発のリーマン・ショックが経済を直撃したため、かなり強い反米感情が続いていた。

〇六年一〇月、ライス国務長官はイラク侵攻が泥沼化したため朝鮮には硬軟両様で対応し、翌年二月六カ国協議に前向きに対応して朝鮮半島の非核化問題でも妥協を図った。ただ当時の日本は安倍政権で、九月に福田政権になると周辺諸国との関係改善を意識し始め、その好影響も受けて水面下で進められていた南北関係の改善が一挙に表面化した。それが盧武鉉大統領の平壌訪問だった。

当時、任期末が近かった大統領は平壌を訪問して画期的な内容の南北共同宣言を発表する。その内容は、就任前の持論である「東北アジアの平和と繁栄」構想に基づくもので、これを就任当初に推進していたら南北関係は大転換していたと思われる。具体的には、開城工業団地の建設とともに黄海上に「平和協力地帯」を設置し、民族経済の均衡発展と共同繁栄のために経済協力を拡大・発展させるという構想だった（前章の関連書で紹介した『私は韓国を変える』を参照）。その際、民族内の協力事業という特殊性を考慮して各種の優待条件と特恵を韓国側に優先的に与えることに合意した（この共同宣言は、一八年米朝首脳会談後の九月に発表された南北平壌宣言で再評価されたが、米朝関係の亀裂とともに進展がないまま今日に至る）。

さて、同年末の大統領選では李明博元ソウル市長（〇二〜〇六年）が49％を獲得し、与党の鄭東泳26％と李会昌15％に圧勝した。彼は一九四一年大阪生まれで、苦学して高麗大学に入学して学生会長を務め、六四年日韓条約反対闘争で逮捕された。この経歴から就職難の中で現代建設に入社、海外赴任先で鄭周永の目にとまり、当時中東地域に進出した建設業界の旗手として鄭の薫陶を受けた。彼が入社した六五年に九〇人程だった現代建設は、九二年会長退任時には現代財閥傘下で一六万人の大企業となり、国会議員に当選した彼は一〇年後にソウル市長に選出された。そして、ソウル中心部の改造計画に着手し、保守政権への回帰を実現させた経済に明るい大統領として、国内だけでなく日本の政財界からも期待が寄せられ、彼の就任式には福田首相以下の祝賀使節が大挙押し寄せた。

2008 年 5 月ソウル　李明博政権による米国産牛肉の輸入解禁に抗議するキャンドルデモ　（『アジェンダ』22 号より）

この政権交代の背景には、グローバル化の中で韓国を取りまく経済環境の悪化があった。そのため、〇四年盧武鉉与党に対する圧倒的な支持は二年後の統一地方選では急落し、任期末には与党系議員の離合集散が相次いだ。同時に、盧武鉉の影響力も凋落し、民主労働党を含む進歩勢力も衰退した。この政治状況は、格差社会の温床である非正規職が急増して二〇代賃金労働者の半数以上が非正規職となり、就業者の30％以上という自営業者の半数以上が一〇〇万ウォン以下の月収という経済実態から生じ、その批判は政権与党に集中した。そこで経済に通じた李明博への期待が高まって彼が大統領に就任するが、結論から言えば、李政権五年間の平均経済成長率は3％に満たず、盧政権時の三分の二程度だった。

このように経済と政治の結びつきは難しいが、李政権時における明確な変化は金大中政権以来の南北和解政策を放棄した点にある。就任当初から、経済再建に向けた国家競争力の強化を掲げて人権、過去清算などの成果を次々に否定し、権威主義的な政策運営や情実人事が目立った。これに対し、野党や市民団体、労組は有効な対応ができない中、米国産の（狂牛病に感染した）牛肉の輸入解禁による食への不安に端を発し、今まで政治とは縁遠かった中高生や主婦を中心にした反対運動が起こり、野火のようにキャンドル・デモや集会が広がった。〇八年六月の一〇〇万人集会をピークに三カ月以上続いた、この反対運動が社会に投じた波紋は極めて大きかった。

一方、これとは直接関連しないが、〇九年春に収賄容疑による盧武鉉前大統領への集中捜査が行われ、その延長上で釜山近郊の自宅近くで自死状態の彼が発見された。その悲報による衝撃と怒りが社会に渦巻き、「国民葬」には一〇〇万人以上の弔問客が訪れる中、検事総長は辞任を余儀なくされた。当初遺書が発見されたと伝えられたが、その経緯も明らかでなく、多くの国民の心に李政権に対する根深い不信と憤りが残された。

また、同年夏には盧武鉉の死を哀悼した金大中も亡くなり、それまで元大統領二人の側近を軸に離合集散を重ねてきた野党内部から再編の動きが本格化する。その際に焦点となったのは、やはり二人の共通点であり、核心的な政策でもあった南北和解政策だった。この政策は李明博政権との間で最大の争点となり、これを問う形で行われたのが翌年六月の統一地方選である。ただその直前、それに合わせたようなタイミングで起きたのが天安艦沈没事件であり、その後は韓国社会を二分する事態となった。

＊韓国のいわゆる地域感情・南南対立

民主派から保守派への政権交代となった〇七年大統領選は、同じ韓国南部でも全羅道出身の鄭東泳と慶尚道を基盤とする李明博の与野党対決となり、金大中・金泳三以来の地域感情が選挙戦を左右した。この地域感情は歴史的背景と現実的利害が絡んでいるため複雑で、今なお解決しがたい韓国最大の社会問題と言える。一部の歴史学者は古代の百済・新羅の対立に由来すると説くが、主な根源は日本の植民地支配時の分断・統治政策とそれを継承した朴正熙政権の近代化政策にある。前者の政治的作為と後者の経済的作為の合作により、七〇～八〇年代民主勢力を代表した金大中派と金泳三派の内部対立が扇動された。そして、「揺らぐ南北分断体制」を抑える手法として権力層が採用したのが九〇年代に噴出した〝南南（南北朝鮮の南・韓国の南部の全羅道と慶尚道の）対立〟と呼ばれる地域対立である。確かに、全羅道と慶尚道では対日感情と朴正熙への評価で大きな違いがあり、文化基盤となる気候・風土や歴史にも違いはある。また、人口比は約一対三だが、朴政権期に慶尚道の大都市・工業地帯で下層労働者や自営業者になった全羅道出身者が多く、首都圏には両地域出身者の集住地域が点在し、選挙では与野党支持が鮮明に分かれる。

◆関連書籍

①青柳優子『朝鮮文学の知性　金起林』（新幹社、2009 年）

②金起林『新しい歌』（青柳優子編訳、南北社、2022 年）

この2書は、植民地朝鮮の代表的な文学者・金起林の作品の現代的意義を掘り起こした。朝鮮戦争の渦中で行方不明となった彼は、苛酷な分断体制の下で南北双方の文学史から抹殺されてきたが、6月民主抗争後にようやく『金起林全集』などが刊行された。そこで、彼の解放後の詩集『新しい歌』と文学・社会評論を集めたのが②である。それに先立つ①では、朝鮮北部生まれの彼がソウルの新聞社に勤めながら文学サークルを結成し、30 年代後半に仙台に留学して英文学を研究し、戦時下から解放後にかけて発表した詩や評論などから彼の思想を読みとり、彼の悲運の生涯を惜しんだ。なお本書が縁となり、日韓パートナーシップ共同宣言 20 周年を記念して東北大学構内に彼の記念碑が建立された。

＊盧武鉉政権と退任後の死、その遺産

盧武鉉政権の評価は、今日でも極めて難しい。韓国現代史六〇年の民主化闘争と南北分断体制、その両軸の間で生じた韓国内の階層間・地域間・世代間の対立、また経済のグローバル化と文化のデジタル化が生んだ対立、これらがブッシュ政権との対立・協調に凝縮して現れ出た。圧倒的に国力に違いがあり、また基本的には米国に従わざるを得ない朝鮮戦争以来の歴史があり、日本とは植民地期以来の被支配の歴史があった。その構造は基本的には今も変わらないが、凝縮した矛盾の噴出という点では、〇三年春イラク侵攻の開始時は最高潮であった。その時点で、金大中政権の南北和解政策への評価に重大な判断ミスはあったし、イラク侵攻への協力もやむを得なかった。それでも、①〇二年大統領選での逆転勝利、②〇四年弾劾案が可決された後の総選挙での圧倒的勝利、③〇五年夏からの「歴史見直し」の提起、④〇七年秋の南北首脳会談、という四大事業を原則に沿って推進し、歴史的遺産として残した点は高く評価される。また退任時には、妥協を排して原則を貫いた彼に対して多くの批判もあったが、キャンドル革命後はむしろその点が再評価されており、彼の不審死への疑問もあり、歴史的評価はまだ定まっていない。

5．民主党中心の政権（二〇〇九年秋～一二年末）

1．国際情勢

〇九年一月、史上初の非白人系大統領として世界的にも改革派の期待を集めたオバマ大統領は、四月プラハなどで「核なき世界」を訴えてノーベル平和賞を受賞した（彼はバイデン政権下の二二年中間選挙でも、トランプに対峙する改革派の指導者として影響力を保持している）。彼はまた、オバマ・ケアと呼ばれる医療保険制度を導入したことで知られるが、政権時の外交は成果を上げたとは言えない。むしろ胡錦涛、メドベージェフ、メルケルという穏健な各国指導者とともに現状維持に努め、世界レベルでの安定化を図った。なぜなら、ブッシュ政権のイラク侵攻がもたらした中東地域の激動、そこでは〝アラブの春〟と呼ばれる民主化の波と、イスラム国（ＩＳ）が代表するイスラム原理主義の嵐が押し寄せていた。それらへの対応に追われる中で、イスラエルとイラン、パレスチナ情勢は混迷を極め、イラン核合意もなかなか進展しなかった。

こうした中東情勢に加えてオバマ自身の関心が低かった東アジアでは、韓国に従米政権が復活したこともあり、ブッシュ政権時に台頭したジャパン・ハンドラー（ＪＨ）の影響力がむしろ強まった。その背景には、「核なき世界」アピール直後にこれに冷水を浴びせる朝鮮の核実験があり、朝鮮戦争以来の南北分断体制を再編する動きが見られた。その中心勢力はＪＨだが、在韓・在日などの米軍が加担した可能性がある。彼らの関与度は明らかではないが、金大中・盧武鉉の太陽政策を転換させた李明博政権との関係は緊密だった。特に、一〇年春の天安艦沈没事件後の政策転換に彼らが関与したと思われ、その影響は日本にも及んだ。当時の民主党鳩山政権は「東アジア共同体」を唱えて沖縄の米軍普天間基地の県外移転を模索していたが、この事件を機にして退陣に追い込まれた。つまり、この事件後の東アジアでは分断体制を再建する動きが活発になり、自民党の内外で安倍・改憲派の再編が進んだ。

2010年8月ソウルで開催された「韓国併合」100年の日韓市民大会（撮影　谷野隆）

ただ、一〇年は韓国併合一〇〇年にあたり、韓国内では日本の植民地支配に関連して反日感情がかなり強かったため、南北分断と日韓分断の二重構造をもつ分断体制（朝鮮停戦体制）が形成されていく。結局、オバマ政権前期には日本の民主党政権を米国の影響下に置きながら、朝鮮半島や中国の変動に対応するという朝鮮戦争以来の枠組が再編・強化された。こうした中で起きた一一年三月の東日本大震災と福島原発事故に際し、「トモダチ作戦」と称して在日米軍が積極的に支援した（放射能汚染に対する無知から多くの犠牲者も生じた）。当時米国だけでなく世界各国から、特に南北朝鮮、台湾などの旧植民地や中国からも日本への援助が寄せられた。本来、こうした大災害が起きると、それは近隣諸国との善隣友好関係発展をさせる機会にもなりうる。だが日本では、与野党を問わず国会などで東アジアにおける分断・対立（＝朝鮮停戦体制）の克服をめざす平和構想が議論されたことがなく、米国の東アジア戦略の枠内での発想に留まっている（そうした構想には周辺諸国との協力が不可欠であり、侵略戦争と植民地支配の歴史を直視した上で未来を展望する姿勢が求められる）。もし東日本大震災直後に総選挙が行われていたなら、そうした状況は多少とも変わったかもしれない。

2．日本の動向

この時期は、鳩山・菅・野田の三代にわたる民主党政権三年余りだが、いずれも一年前後の短命で終わった。その要因は、東日本大震災とともに福島原発事故という前代未聞の大災害が起きたことだが、民主党内に存在した保革対立が大災害時に噴出したとも言える。その後遺症は根深く、安倍・改憲派の長期政権を許すとともに、二〇年代にかけての展望も描けない状態にある。

戦後日本が米国の思惑を超えて独自外交を展開しようとした首相が三人いる。最初が七二年に日中国交正常化を実現させた田中角栄であり、第二が九八年金大中とともに日韓パートナーシップ共同宣言を発した小渕恵三である。そして第三が、〇九年秋の総選挙で「東アジア共同体」を唱えて圧勝した鳩山由紀夫である。この三人、田中は米国発のロッキード疑惑で失脚して影響力を失い、小渕は急病に倒れ、鳩山は天安艦沈没事件後の問題噴出により、いずれも短期間で辞任に追い込まれた。彼ら三人に共通するのは、隣国とのパートナーシップに基づく関係改善であり、日本の侵略に対する反省であった。特に鳩山民主党政権は、米国が主導する二重の分断（南・北分断と日本・東アジアの分断）体制を、日本国憲法の平和主義の原理に則して改善しようと願った。だが、米国（特にＪＨ）にとって、それは受け入れがたいものだった。

総選挙で圧勝して成立した鳩山政権だったが、その以前から小沢一郎元代表の言動が物議をかもし、土地購入をめぐる検察の執拗な追及が本格化した。特に一〇月、小沢中心の訪中団が天皇訪中を協議して持ち帰った前後から、その追及は厳しさを増した。そして、政権内で中国がらみの外交（東アジア共同体）構想をめぐる内部抗争が翌一〇年にかけて深まる。そうした時期に起きたのが天安艦沈没事件だった。そのため、この事件の影響は極めて甚大で、日韓の防衛官僚中心に分断体制が復活するとともに、沖縄の基地問題で受け身だった米軍の役割が再認識され、県外移転の話は立ち消えになった。これに抗議した社民党は連立政権から離脱し、鳩山内閣は総辞職に追い込まれた。

この鳩山政権の崩壊後、東アジアでは分断体制を再構築する動きが活発となり、自民党内の安倍・改憲派はこれに呼応して自らの再編を急いだ。ただ、当時は韓国併合一〇〇周年にあたり、李明博政権下の韓国では植民地支配に対する日本の誠意に根強い批判があり、朝鮮への警戒心と同時に日本への反発も強かった。国民感情として朝鮮への反発が半々とすれば、日本への反発は四対一程度で圧倒的だった。そのため、朝鮮戦争以来の南北分断と、植民地支配以来の日韓（朝）分断という二重構造が形成されたが、日本の場合は極めて深刻だった。つまり、近代日本史はアジアの一員としてよりも「名誉白人」、アジアの顔をして欧米の代弁者を務める体質があり、日本はその役割に安住していた。また、それが自らの役割と錯覚し、G7の中で「欧米との橋渡し」役を自負した。

さて、ここで一一年春に発生した東日本大震災と福島原発事故を振り返る。民主党政権と言えば、この天災と人災が思い浮かぶほど因縁が深いが、「悪運」としか言いようがない。本来なら自民党こそが原発政策の推進者として、その責任を問われるべき当事者であった。だが、事故発生時に野党だった彼らはその責任を民主党に被せ、自らは政権奪取に向けて邁進した。一方、菅直人政権は東アジア情勢の激変に対応できないまま、政権内に亀裂が生じていた時に、東日本大震災と福島原発事故が起きて大混乱に陥った。それでも、未曽有の事故に加えてより甚大な爆発事故が起きる可能性を何とか食い止め、むしろ被害も最小限度に抑えることができたと評価できる。しかし、この時点で「脱原発」を打ち出したことで政権内からも異論が起こり、解散・総選挙を決断できないまま辞任に追い込まれた。その結果、これを引き継ぐ形で同年九月、保守系の野田佳彦が首相に就任すると、民主党政権への支持も低迷する。

この政権は、首相の立ち位置（後に、民主党を代表して安倍追悼演説）からも、また結果的に見ても、第二次安倍政権を誕生させる役割を果たした。野田政権は「震災復興」を掲げながら、その財源を「消費税の引上げ」に置いた。一見するとまともな主張だが、震災復興の内実や原発事故に伴う東京電力や国の責任をまず問うべき時に「復興財源」問題を最優先させる、ここに彼が果たした役割があった。当然、野田政権とともに民主党への批判が高まり、その反対給付として自民党への期待が高まった。しかも、その自民党内では安倍―菅義偉連合が結成されていたが、これは統一教会と日本会議を束ねる極右派連合であり、しかも名家出身と叩き上げ出身が組んで自民党の中枢を掌握することを意味した。やがて野田政権は尖閣諸島の国有化を宣言し、沖縄の普天間基地には米軍がオスプレイを配備して沖縄・南西諸島での緊張を一気に加速させた。そして、これらもまた安倍政権を成立させる地ならしとなり、一二年末の総選挙で自民党が圧勝しただけでなく、近年は「台湾有事」の土壌ともなっている。

3．韓国の動向

この時期は、李明博政権の後半期にあたり、看板に掲げた「経済大統領」の実績は乏しく、一〇年春の天安艦沈没事件以来の対北強硬策により南北関係は断絶状態に陥った。一方、朝鮮では金正日死後まもなく金正恩が後継体制を固めて核・ミサイル実験に力を注ぐと、これへの対処にあたり、米・日との連携か、南北交流の復活かが問われたが、選択は一二年末の大統領選挙に委ねられた。

一〇年春に起きた天安艦沈没事件後の李明博政権と日本への影響（一一二頁参照）もあるが、まずこの事件が統一地方選に与えた影響が大きい。実は、この選挙で与党は広域首長選挙の当選者が一二人から六人へと半減し、野党民主党系は三人から八人へと躍進した。また基礎自治体の首長選でも半減し、議員選挙でも三分の一を失うという劇的な敗北を喫した。この結果、前年に崩壊寸前までいった野党にとって起死回生の選挙となり、李明博政権にとっては大打撃であった。二週間前の選挙運動の開始日に「天安艦沈没事件の調査結果」を発表して対北安保に対する不安心理を扇動したが、むしろそれが逆効果をもたらした。この点が以前の韓国社会とも、当時の日本社会とも全く違い、国民の半数以上が政府発表に疑問を感じていた結果と言える。また、その後も天安艦沈没事件の真相究明を求める主張は根強く、選挙結果は野党勢力の統合に向けて弾みをつける。この事件後、李明博政権は和解政策を放棄して南北分断体制へ回帰し、従米・分断派の立場を明確にする。これに対して野党は、盧武鉉の後継者となった文在寅（ムン・ジェイン）を中心に結集し、社会・経済の民主化をめぐっても李政権と激しい攻防を展開していく。

さて、その翌春に東日本大震災が起こって福島第一原発が大爆発し、韓国の一部地域では脱原発への動きも高まる一方で、多くの支援金や物資が日本へ送られた。ただ、韓国での関心はむしろ福島産の農水産物への輸入規制に集まり、それは長期間に及んだ。これには日本側が反発し、より幅広い長期的な展望から日韓関係や脱原発問題を協議する機会とはならなかった。

同年夏、ソウルでは無償給食の所得制限の是非をめぐり、市長と議会が対立して住民投票が行われた。その結果、呉世勳市長側が敗れて直ちに引責辞任し、一一月に市長補欠選挙が行われた。この時、九〇年代から市民運動に尽力してきた朴元淳は、「既成政治の打破」を主張して人気を集める安哲秀の支持を得て候補一本化に成功して当選した。

彼の出馬決断の背景には、市民運動が推進してきた協治システム（ガバナンス）を地方行政の首長として推進するという戦略的な転換があった。これは日本も含めて市民運動と地方行政との関係をめぐる重要課題で、今も各地で様々な試行錯誤が試みられているが、朴元淳は社会投資財団や社会的企業の推進をめざす「社会経済委員会」をまず設置した。次いで、従来の再開発事業とは異なる参加型のコミュニティ事業など、ガバナンスに関わる政策や構想を推進するが、この過程で彼も政党人としての歩みを開始した。その後のソウル市は、都市運営のモデルとして注目を集めると同時に、後のキャンドル革命でも重要な役割を担った。

　実はこの頃、韓国経済は正念場にあった。〇八年のリーマン・ショック以来、世界同時不況に伴う景気の沈滞や株価の下落などでウォン安が続き、国民所得四万ドルを目標に掲げながら、その五～六割に低迷していた。こうした中、一〇月の日韓首脳会談では日本に支援を要請し、日本側は通貨交換協定を大幅に拡大した。また、一二月にも「慰安婦」問題で日本の誠意に基づく解決を強く求めた。この前後、以前から病状悪化が伝わる金正日委員長が死去しており、何か問題が生じた場合、日韓両国の連携を実務レベルで検討していた可能性もある。

　一二年夏、任期末が近い李大統領の態度が大きく変わる。八月一〇日、韓国大統領として初めて独島（竹島）に上陸し、一四日天皇訪韓問題に関連して「心からの謝罪」を求め、一五日には「慰安婦」問題の解決を再び強く要求する。こうした行動の背景には、李大統領の出生から学生時代の反日感情、そして現代建設社員から会長へ、さらに国会議員からソウル市長、大統領へと進む出世街道に常に日本との関係が意識され、その複雑な心境がうかがえる。後継者となった朴槿恵（パク・クネ）の場合、父との関係も含めてより複雑で、親日と反日の間を行き来する。保守派を代表する二人の大統領にして、執権後に直面せざるをえない日本との関係を考えれば、大統領選過程での紆余曲折はまだ楽なことだったかもしれない。

　ともあれ、一二年末の大統領選は朴槿恵と文在寅の一騎打ちとなった。その結果、得票差で約一〇〇万票、得票率にして3・5％差で朴槿恵が勝利した。慶尚道と全羅道という地域的な得票差は厳存したが、それ以上に世代別の違いが注目された。三〇代以下では朴対文はほぼ一対二なのに、六〇代以上では三対一で朴が圧勝した。この世代はベトナム戦争世代で朴正煕への郷愁が根強く、この世代間の違いがその後の韓国社会を揺り動かしている。

＊天安艦沈没事件と李明博政権の政策転換

一〇年三月、黄海上で韓国海軍の艦船天安艦の沈没事件が起きる。その真相はいまだに不明だが、李明博政権は四月に「北の挑発行為」と断定し、五月には南北経済交流を断絶させた。これに対して韓国の世論はまず真相の究明を求めたが、その後南北関係をめぐる立場によって二分された。また、当初慎重だった米国政府も沖縄の基地問題と連動する中で強硬な立場に転じ、日本では安倍・改憲派を中心に「北の犯行」と断じる世論が圧倒的で、鳩山政権を揺さぶった。思い返せば、この前年に朝鮮との首脳会談を実現させた盧武鉉・金大中が相次いで亡くなり、金正日の病状もあって南北関係は大きな転換期を迎えていた。そういう時期になぜ、何のために北が挑発行為に出るのか疑問が残る。また、結果的に南北関係が緊張して沖縄米軍基地の役割が見直された上に、鳩山政権が崩壊して誰が利益を得たのか、再検討する必要がある。その場合、この事件とは対照的に、同年一一月に突発した延坪島砲撃事件は明らかに北の挑発行為であるが、当時南の軍は警戒体制をとっていなかった。つまり、それは天安艦沈没事件が「事故」だった可能性を示唆しており、事件による利害得失を考えれば、南北分断体制の再編を意図した可能性が高い。

＊3・11東日本大震災時の日韓市民交流

一一年三月一一日東北地方の太平洋沖で最大震度7以上の大地震が起き、福島・宮城・岩手三県を中心に一二都道府県で約一万八五〇〇人の死者・行方不明者が発生した（震災関連死を除く）。その犠牲者や被害の広がりは約九〇年前の関東大震災に匹敵して戦後日本では最大規模、加えて福島第一原発六基中四基の爆発事故による被害の実態は今なお明らかではない。また人的被害だけでなく、物的・環境的な影響は放射能汚染による被害で計り知れず、その長期化も懸念される。直接的な人的・物的被害だけでも最低限の復旧に三カ月を要し、特に東北三県では一〇年規模の復興事業となった。阪神大震災をはるかに上回る規模の「災害ユートピア」が実現したようで、在日コリアンや留学生など外国人への震災対応も、関東大震災時の朝鮮人・中国人虐殺に比べればかなり好転したと言えるが、流言飛語もかなり飛び交った。日韓両国市民の交流に限れば、在日の「従軍慰安婦」として知られた宋神道（ソン・シンド）さんが奇跡的に救出されるなど、地域社会に根ざした救命活動や韓国からの支援も多岐にわたった。被災地居住の留学生なども一時はパニック状態になったが、やがて沈静化した。

◆関連書籍

①小出裕章『原発と憲法９条』（遊絲社、2012 年）

②青柳純一編訳・著『被ばく者差別をこえて生きる』（三一書房、2014 年）

3･11 福島原発事故の直後、急速に高まった脱原発運動のリーダーになった①の著者は、憲法9条の平和精神に照らして「原発反対」を表明し、自らの責任として若い世代への運動継承を訴える。彼はウクライナ戦争後の今も、「原発が原爆になる」戦争の危険性を訴えて全国を飛び回っている。②の拙著・編訳書も原発事故を契機に出版が決意され、在韓時に出会った最も魅力的な友人金亨律の生涯と活動を紹介する。70 年生まれの彼が 30 歳前後で自らの病状の主因が母親の広島での被爆に由来すると自覚した後、在韓被爆者2世として特別法の制定を求めた5年間の闘いの記録でもある。彼の苦悩は母を含む 1 世との微妙な関係だったが、第一の告発対象は在韓原爆被害者2世を認めない日本政府の姿勢であった。

＊福島原発事故と民主党政権

戦後日本で最大の天災は東日本大震災であるが、同時に起きた福島原発事故は最大の人災だった。本来、この事故は五〇年以上にわたる自民党政権の原子力行政に本質的責任があるにもかかわらず、それは今も一切問われていない。実は、その責任を国民に問う機会は一度だけあり、民主党菅政権はその機会を逃した。事故直後、東日本全体に壊滅的な被害が及ぶことが懸念され、その危機を何とか乗り越えた六月、菅政権の事故処理の無能さを問う声が高まり、菅首相下ろしが激化した。この時も今も自民党は原発行政の過ちを省みることなく、菅政権批判の先頭に立ったが、原発事故の被害者はもとより民主党内からもこの動きへの同調が見られた。その底流には、数少ない市民運動出身の政治家として原発事故を契機に原子力行政への批判を強めた菅首相への警戒があった。

もちろん、被害者の政府批判には道理があり、事故対応への遅れなど不適切な点は多かったし、大震災直後の混乱の中で解散・総選挙が行なわれた場合、首相批判はさらに激化して政権交代もありえたに違いない。それでも、この時に戦後日本の在り様を根底から国民に問う選挙が必要だったのではないか。

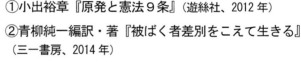

6. 安倍・改憲派政権の確立（二〇一二年末〜一七年初）

1. 国際情勢

一二年一一月の米大統領選挙でオバマが再選され、同じ頃に中国共産党総書記には習近平が選出され、翌春には国家主席に就任した。その前年、北アフリカから中東地域では、チュニジアに始まりエジプト・リビアと続いた強権体制の崩壊、いわゆる〝アラブの春〟が訪れたかに見えた。だが、この地域の各国では民主化の流れ以上にイスラム原理主義、そして反米武装勢力が勢いを増した。次いで、一三年はアフリカ各地でイスラム武装勢力のテロ活動が活発化する一方、エジプトでは軍部がイスラム系の大統領を拘束して軍事政権を樹立した。

翌一四年二月、ウクライナではEUへの加盟を求める市民によるマイダン革命が起きて親ロ派のヤヌコヴィッチ政権が打倒され、五月に親欧米派のポロシェンコ大統領が就任するが、その最中ロシアはクリミア半島に侵攻してこの地域を併合した。また、東部ドンバス地域にも侵攻して住民を二分する対立が続き、八年後にウクライナ戦争を起こす要因となった。米国の関与も含めこのマイダン革命の評価に関しては、ロシアとウクライナで全く相反するが、ソ連崩壊後の失地回復を政権基軸にすえるプーチン大統領の本質が露呈した点は否定できない。問題はそれをどう評価するかであり、欧米はもとより日韓を含む東アジア諸国の受け止め方も多様だった。その中で、安倍首相のプーチン評価は極めて高く、一四年ソチ冬季五輪、一八年W杯ロシア開催期に北方領土と経済交流がらみの関係をめぐってプーチンを厚遇した。

この一四年、イラク北部でイスラム国が勢力を拡大すると米国は空爆を激化させ、シリア・アフガニスタン・パレスチナでもイスラム勢力間の争いが続いた。特にシリア内戦は三つ巴で激烈を極め、アサド政権を支えるロシアの影響力も急拡大した。結局、これらは米国のアフガン・イラク侵攻に始まる大混乱だが、根底にはイスラエルとイランの対立があり、核戦争も辞さない両国の対立は今なお「中東の火薬庫」と言える。

顧みれば、アラブ世界に「欧米近代の法と正義」を掲げて「テロとの戦争」を唱えて介入したブッシュ政権に始まり、オバマ政権時には進退が窮まる事態に至った。冷戦体制が解体した時には「唯一の超大国」だった米国は、アフガニスタンとイラクに侵攻して圧倒的な軍事力により政権転覆には成功したが、その安定化には失敗した。反米勢力のテロ活動は両国内だけでなく、周辺諸国からアジアやアフリカの一部地域へと広がり、これに対処するための膨大な経費、特に軍事費は米国の国力を低下させ、その権威を失墜させてしまった。

またEU諸国では、シリア内戦の影響もあって中東地域から多数の難民が殺到し、各国内で民族主義を掲げる右派政党が台頭した。そうした中で一五年秋にはパリで同時テロが起きるが、そこには植民地支配の後遺症という側面もあり、各国の事情とともに歴史的な背景があった。なお、イギリスは一六年夏の国民投票でEU離脱派が多数を占める結果となり、離脱交渉が始まったが、アイルランドやスコットランドなどでは離脱反対派も根強く、様々な問題が派生している。この背景にも、英国内における植民地支配の歴史と、EUをめぐる経済的利害の葛藤という側面がかいま見える。

2．日本の動向

この時期は第二次安倍政権の前半で、首相の解散権を濫用して二度ずつの衆院選（一二年末と一四年末）と参院選（一三年夏と一六年夏）に圧勝し、党内外に強固な基盤を確立した。特に、内閣人事局を設置して官僚統制を強化し、安保法制を強行採決して改憲への布石を打ち、党内外の反対派を屈服させる体制を確立した。

一二年一二月、総選挙で圧勝して首相に返り咲いた安倍は改憲に向けた条件として翌一三年七月参院選で与党での三分の二議席以上の獲得をめざす。そのため、就任直後の一三年二月に訪米して日米首脳会談、四月に訪ロして日露首脳会談を行なう。この直後、安倍首相の本音を象徴する「事件」が起きる。サンフランシスコ講和条約が発効した四月二八日を「主権回復の日」と称して天皇臨席の記念式典を行ったが、退席時に突然万歳三唱を強行した。これに当惑した天皇は、一六年夏には自ら生前退位を発表し、政治利用への無言の抵抗を示した。

同じ頃、安倍首相は黒田日銀総裁を任命してアベノミクスと称する「異次元の金融緩和」を実施する。これは民主党政権時代の円高デフレによる経済停滞を打破するため、日銀が国債を大量に買い込んで公共投資とともに市場を活性化させ、景気浮揚と雇用拡大を図る経済政策で、要は、国の借金を増やして人為的に好景気を生み出した。そのためにも不可欠だったのが東京オリンピックの招致で、参院選に勝利した直後、その招致にも成功すると、消費税を8％に引上げると閣議決定し、一二月には特定秘密保護法（スパイ防止法）を成立させた上で、靖国神社への参拝を強行した（これにオバマ政権は批判的で、葛藤は一五年夏の終戦七〇年談話まで続いた）。

次いで一四年春、東京で日米首脳会談を行ない、内閣人事局を設置して官僚組織全体を官邸が統括する体制を固めた。さらに、「河野・村山談話」検討チームを結成し、「集団的自衛権」容認の方針を決定して安保法制の改定をめざす一方、消費税の再引上げを延期して争点化させ、年末に総選挙を強行して与党で三分の二議席を確保した。

そして一五年、当時が安倍・改憲派政権の最盛期と言えるが、菅とともに首相―官房長官の役割分担を表裏一体で行ない、世論を巧妙に誘導した。特に安保関連の改憲発言として、まず国会答弁で自衛隊を「わが軍」と呼び、自衛隊明記の改憲をめざした。これを表の顔とすれば、安倍の死後に判明したように、裏では統一教会と連携して改憲への道を突き進んだ。特に自民党改憲案は統一教会・勝共連合の案に酷似しており、それが安倍・改憲派の実態だった。当初、「村山談話」の撤回をめざす諮問機関をつくったが、オバマ政権の強い反対もあって後退し、結局日露戦争への評価以外は平穏に収め、秋の安保法制の改定に向けて全力を傾けた。同時に、統一教会の名称変更を追認した上で、朴槿恵政権との交渉を通じて「慰安婦」問題の打開を画策した。その結果、九月には国民多数の反対や慎重論を押し切って米軍支援と海外派兵を容易にする攻撃型の安保法制を強行採決し、年末には元「従軍慰安婦」の声を徹底的に無視して「慰安婦」問題の日韓合意を実現させた。

翌一六年、朴槿恵大統領との新たな関係に対して、朝鮮は核実験とミサイル試射を繰り返したため緊張が高まった。この頃、安保法制に反対した学生連合シールズに対抗し、安倍政権を支持する学生がユナイトを結成するが、これは統一教会の学生組織だったと後に判明する。彼らは、一八歳選挙権施行後初の選挙となった七月参院選に向けて精力的に活動し、その相乗効果もあって自民党は大勝、改憲勢力は衆参ともに三分の二を超えた。また、この選挙では安倍首相と統一教会の選挙協力が頂点に達し、首相官邸の差配によって自民党候補者の当落が決まるほど絶大な影響力を行使していた。

だが、その直後の八月、極秘裏に進められた天皇の「表明」により、三年後に生前退位する意向が示された。この発表により改憲日程は大幅な変更を余儀なくされただけでなく、発表に至る経緯も事前に察知できず、安倍と天皇との間に意思疎通がないことも明らかになった。それでも一一月、米国大統領選でトランプの勝利が確定するとすぐに異例の緊急会談をもち、一二月にはプーチン大統領を山口で歓待して日露首脳会談を催し、クリミア半島を占領するロシアとの友好を確認した。また二月、就任直後のトランプ大統領と会って日米同盟の強化を宣言した頃、安倍首相は様々な形で権力行使を正当化する絶頂期にあった。

その象徴が第二次安倍政権の沖縄政策であり、従来の政権よりはるかに強権的に辺野古新基地の建設に向けて突き進み、沖縄県民への配慮は全く見られなかった。特に一三年末、仲井真知事が辺野古への移設を承認すると、翌月の県議会で知事の辞任を求める決議がなされ、一一月には移設反対派の翁長知事が誕生したにもかかわらず、辺野古への移設工事を強行した。その後は法廷闘争が展開されたが、これに勝利すると工事を再開させ、生態系の破壊や軟弱地盤などの問題で経費が急増しても強行し続けている。

3．韓国の動向

この時期は朴槿恵政権期で、その前期は中国との関係を中心に経済を強化して朝鮮の吸収統一に力を入れたが、後期は「慰安婦」問題の日韓合意を契機に日本との関係改善に努めた。だが、日本の支援はあまり得られず、結局はキャンドル革命を誘発して弾劾・罷免される道をたどり、韓国市民社会の進展に寄与したと言える。

一二年末の大統領選挙は朴正熙の娘・朴槿恵と盧武鉉の最側近だった文在寅の与野党対決となり、51％対48％という僅差で朴候補が勝利した。射殺された父親の名誉回復が至上目標だった彼女は、大統領選勝利によってその目標を半ば達成した。勝利の原動力は当時六〇歳前後のベトナム派兵世代、特にその妻たちの熱烈な支持であり、初めての女性大統領を歓呼して迎えた。また、グローバル化で急拡大する経済格差や貧困は民主勢力の経済政策の失敗と見て、「漢江の奇跡」の復活に夢を託した。だが皮肉にも、統一教会の傍流だった崔順実親子が黒幕として彼女の復権を実現させたため、その実態が暴露された四年後、キャンドル革命の勃発から弾劾政局へと急展開し、これとともに朴正煕神話も崩壊した。

その予兆は、一四年春に起きたセウォル号沈没事故で高校生中心に乗客・乗員三〇四人が死亡し、その原因などが究明されなかった時に始まる。特に当日の大統領の行動が疑惑を呼び、真相解明を求める遺族の声が圧殺される一方、彼らを誹謗・中傷するネット世論を政権の一部が扇動する実態も暴露された。加えて、大統領選過程でも情報機関が介入していた事実が判明し、政権の正当性にも疑問が生じた。また、「経済民主化」を掲げた選挙公約に反し、財閥・大企業に有利な経済政策が推進されていることにも失望が広がった。それでも、こうした事情もあって就任当初は中国との関係を中心にすえたが、翌年後半からは日本との関係改善を模索し始める。

そうした過程で、再び持ち出されたのが南北関係の緊張であり、公安統治の復活だった。第二野党の統合進歩党の議員が「内乱陰謀」で逮捕され、翌一五年には所属政党も強制解散されるなど維新時代に回帰するような動きがあり、その一方では根拠のない「北朝鮮崩壊論」が流布されて「吸収統一」への期待が煽られた。これでは南北関係が改善されるはずもなく、これに対抗して朝鮮では金正恩体制の整備を進めながら核やミサイルの開発・強化が見られた一方、日・米が主導する国連制裁の強化で「朝鮮半島の危機」は高まった。ただ朴政権は、当初中国を通じて朝鮮に圧力をかけ、経済的にも中国と協力しながら発展するという戦略を立てていた。だが、中国はこれに対して是々非々の態度で臨み、基本的には朝鮮の崩壊を望まなかったので、経済的には協力しても外交的な提携には慎重だった。

こうして朴政権が任期半ばを過ぎた一五年夏、戦後七〇年談話で「河野・村山談話」の撤回をめざした安倍政権が米国の意向を汲んで一歩引くと、朴政権は日韓関係の改善に動き出す。当時、日韓両国の最大の懸案は「慰安婦」問題であり、韓国では彼女らの対日請求権を認める憲法裁判所の判決により政府独自の外交交渉は難しかった。それでも朴政権は日韓関係の改善に舵を切り、「慰安婦」問題の合意に向けた交渉を重ね、一五年末には外相レベルの合意に達したが、文書を交換することはなかった。

ただ、この合意は元「従軍慰安婦」の同意を得たものではなく、安倍首相の謝罪も形式的で誠意は見られなかった。そのため、当事者と支援団体は強く反発したが、朴政権は一六年四月の総選挙を機に親政体制を固めるために日本との連携を強化する方針を固めていた。この動きを、旧来の日韓体制を復活させる「漸進クーデター」（李南周、『創作と批評』二〇一六年春号）と見た市民は、総選挙で与党

2016 年 11 月ソウル　キャンドル集会
（『アジェンダ』55 号より　　写真提供　松田舞）

を過半数割れに追い込んで朴政権の思惑を挫折させた。だが、当時の大統領はこの選挙結果がもつ意味を甘く見て、若者たちに広がる「怒り」の意味を感知できなかった（李泳采『韓国若者たちの戦略的選択』梨の木舎、二〇一六年）。同年夏、朴大統領側近の崔順実の娘が名門梨花女子大に不正入学していたことが判明すると、そこから実は、崔順実が朴大統領を背後から操っていた事実がメディアに暴露された。また、この前後に大統領周辺からの内部告発が相次ぎ、朴政権の崩壊が始まっていた。

その後の経過を簡単にたどれば、一〇月二九日最初のキャンドル集会は二万人、翌週は二〇万人、第三週は一〇〇万人、第六週はソウルで一七〇万人、全国は二三二万人と最大規模に達し、翌週の国会で賛成二三四票、反対五六票で弾劾訴追案が可決した。その後も続いた冬期集会でも平均五〇～六〇万人が集会に参加し、三月第一九回集会には全国で一〇〇万人以上が参加し、憲法裁判所は満場一致で「朴大統領の罷免」を承認し、月末には逮捕・収監された。その過程は「これが国なのか」の叫びで始まり、「韓国は民主共和国だ」「公正な社会」「所得の再分配」などの訴えが集会・デモを主導した。その熱気は全国各地に広がり、新しい時代の到来を予感させた。

＊日韓現代史における安倍晋三と朴槿恵 ②

一二年末、総選挙で圧勝して成立した第二次安倍政権と大統領選挙で辛勝した朴槿恵政権。実は、双方の政権基盤には歴史的な絆があった。安倍の死後に明らかになったことだが、彼は統一教会と日本会議という日韓の民族主義を象徴する両団体を結びつけるフィクサーであり、扇の要として祖父岸信介の遺産を相続した。安倍・改憲派の中核をなす日本会議は、満州・日本帝国の再現を夢みて日本国憲法の改正をめざし、彼を中心とする国家権力の確立を願望した。それは満州国での分断・統治、「従順なコリアン」と「不逞コリアン」を戦わせた植民地支配にならい、統一教会を媒介役にして「揺らぐ南北分断体制」を再編・強化しようとした。ここで岸―安倍三代と朴大統領親子の絆を振り返れば、両者は満州国に端を発し、六〇～七〇年代には朴正熙政権下の韓国内はもちろん日本でも統一教会が暗躍した。また、統一教会は安倍政権下で教団名を改称して復権し、安倍―朴の関係改善に協力した。一五年末の「慰安婦」問題の合意で、彼らが夢みた日韓関係とは親の代の勝共・親善、そして分断体制の復活であった。この構想はキャンドル革命の勃発で水泡に帰すが、その発端になった崔順実との関係でも二人の父は統一教会系がらみだった。

＊在韓被爆者問題と「唯一の戦争被爆国・日本」

現代日韓関係の最大の懸案が「慰安婦」問題と「徴用工」問題であり、戦時下で強制動員されて被害を受けた当事者の存命中に、賠償以上に謝罪が求められている。朝鮮を植民地支配した事実に向き合い、それへの反省と謝罪を通し、その歴史を再び繰り返さない社会と教育の在り様が日本に求められている。だが、安倍政権はそれらを「解決済みの歴史」と見る。彼らにとっての歴史的事実とは、自分の価値観に従って取捨選択できる事象にすぎず、結局は真実もウソも相対化される。端的には、原爆や原発などによる放射能被害者も原因は自らの心の問題であり、客観的には解明できていない放射能による被害や苦しみなどなかったことになる。私の在韓生活を通して最も印象的な友人が金亨律（キム・ヒョンニュル）さんだが、彼はこうした見方や価値観の対極にいて、生身の体で日々放射能と闘い、苦しみながら生き続けた。彼は七〇年生まれの原爆被害者二世としての人生を生き、最後の四年間、被爆二世の苦しみ、悩みなどを韓国社会に、そして「唯一の戦争被爆国」と称する日本の友人に訴えた。その中で最も悩んだのは母親を含む被爆一世との関係であり、彼の苦悩の根底には被爆者の後遺症や遺伝を認めようとしない日本政府の姿勢があった。

◆関連書籍

①白楽晴『韓国民主化 2.0』（青柳純一編訳、岩波書店、2012 年）

②『写真集キャンドル革命』
（パク・ノヘ／白石孝監修、コモンズ、2020 年）

この2書は、韓国市民社会の現段階を象徴する理論書と写真集である。まず②は、16 年秋に勃発して文在寅政権を誕生させたキャンドル革命を、市民革命の視点から活写し、解説を加えた写真集である。韓国側の監修者は現代韓国を代表する労働者詩人として知られ、今は「分かちあいの文化」を提唱する。これに共鳴する日本側の監修者は、この写真集の翻訳・出版を実現させて「韓国のいま」を日本に伝えようとした。また①は、90 年代に「南北分断体制」論を提起した著者が、天安艦沈没事件後に続く危機をむしろ分断体制を克服する機会にするため、12 年末の大統領選時に南北共存に基づく「2013 年体制」論を提示した。当時は実現できなかったが、キャンドル革命を経て文在寅政権の誕生を予見した。

＊キャンドル大抗争から革命へ――その歴史的意義

一六年秋に始まったキャンドル大抗争は、当初二万人が三週目一〇〇万人を突破し、六週目は全国二三二万人に達した。そして、一二月国会での弾劾訴追案の可決から三月憲法裁判所での弾劾容認へ、憲法手続きに則して朴大統領を放逐した。このキャンドル革命は非暴力・平和的な市民運動に徹し、政治集会とデモ行進と多様な文化行事を兼ねた新しい革命形態を具現化した。この平和で楽しい集会・デモが国民の参加を呼びおこし、参加者の急増と持続を可能にした。三・一独立運動がめざした祝祭的な万歳デモが、約一〇〇年後にソウル中心部で実現したのだ。

これはソウル市長以下の行政当局が全面的に協力して実現したもので、鎮圧用の放水車の代わりに救急車や清掃車が、また移動トイレに救護員や警備員が配置された。そして、これまでの革命とは全く異なる非暴力・平和的な「市民革命」が出現し、最高権力者の大統領を打倒したのである。同時に、物理的な衝突や死傷者もない、世界史上初めてと言える無血革命であった。後に、一部の軍将校によるクーデター計画が発覚するが、圧倒的多数の市民の力を見て放棄したという。もはや武力で政権を掌握できる時代でも、社会でもないことを韓国市民は示した。

7. 安倍・改憲派政権の崩壊（二〇一七年初～二一年秋）

1. 国際情勢

一六年一一月、米国大統領選で勝利したのは「アメリカ第一」を掲げる共和党トランプ候補だった。投票総数ではクリントン候補が勝利したが、米国独特の選挙制度で接戦州を制したトランプが辛勝し、一七年初から四年間、米国と世界を翻弄する。特に環境問題や金融・貿易など、国際協力を必要とする様々な分野で自国優先の立場を貫くトランプは、各国首脳から批判を浴びながらも米国の単独行動に固執した。具体的には、就任早々気候変動のパリ協定やTPP協定からの離脱を表明し、メキシコとの国境には一方的に壁を建設した。さらに、EU諸国との緊密な関係により維持されてきたG7やG20などの国際会議でも、トランプは他国の首脳との協力よりも自国の利害を優先させ、各国首脳の反発を買った。

その一方、米朝関係は予測外の展開を見せた。トランプの大統領選勝利と同じ頃、韓国ではキャンドル革命が起きて朴大統領は弾劾・罷免に追い込まれ、一七年五月文在寅政権が誕生したが、核・ミサイルをめぐる米朝間の対立は激化の一途だった。だが、一八年二月平昌オリンピックに朝鮮が参加して南北間の緊張が緩和すると、大会終了後に訪米した韓国特使団を歓迎したトランプは金正恩の親書を受け取り、突然米朝会談に応じる意向を表明した。これには韓国側も驚き、急遽帰国して南北首脳会談、そして米朝首脳会談に向けた準備が始まる。また、意表を突かれた中国も四月末の南北首脳会談を挟んで朝鮮との協議を重ね、六月シンガポールでの米朝首脳会談までに東アジア情勢は一気に緊張緩和の方向へと急展開した。

この進展に驚いた安倍首相は、トランプとの個人的な信頼をテコにしてこの流れに掉さした。同年九月平壌における南北首脳会談を前後して日韓の外交戦が展開され、翌年二月ハノイでの第二回米朝首脳会談は物別れに終わった。そして六月末、大阪でのG20開催直後にトランプが板門店で南北首脳と三者会談をもつと、彼個人との信頼をテコにして外交戦に「勝利」する。この事態を通じて注目すべきは、トランプ政権の発足時、それまで日米関係を主導してきたジャパン・ハンドラーは政権中枢から外れ、東アジア外交を統括したのはボルトンだった。彼は同じネオコンには属するが、韓・中など他の東アジア諸国とのバランスよりも日本を最優先する強硬な日米同盟派だった。そして、彼の影響力の浮沈がこの時期の東アジア外交に表れていた。結局、一八年秋からボルトン自身も政権内での基盤を失うが、代わって浮上したのはトランプ大統領自身、つまり彼の判断によって米国政府の内政・外交が左右される事態が政権末期にかけて進行していた。

ところでその二〇年、中国から始まったコロナ禍が欧州へと広がると世界中が大混乱に陥った。ワクチン開発が急がれたが、その開発と普及をめぐっては信頼度が問題になり、世界各国で感染者とその死者が急増し、一時はパニック状態となった。また、コロナ禍への対応は各国で異なり、緊急事態が一応収束する時点までに保守強硬派の首脳は概ね姿を消した。中でもトランプは、二〇年大統領選で敗北して退任直前に議事堂襲撃事件を起こした後、九月には安倍と並んで統一教会のビデオ動画に登場し、安倍が急死する遠因となった。また、ブラジルのボルソナロも選挙敗北後に暴力事態を引き起こして退場した。

2. 日本の動向

この時期は第二次安倍政権の後半と菅政権で、一七年二月森友学園への特恵で首相の責任が問われる中、加計学園への特恵と「桜を見る会」の不正が暴露されて首相は防戦に追われた。結局、二〇年コロナ禍が広がる中で様々な政策の失敗により菅との内部葛藤が表面化して退陣を表明した。後継の菅首相も無策のまま東京オリンピックを強行するが、彼もまた退陣に追い込まれた。

韓国でキャンドル革命が続いた一七年二月、大阪府豊中市の国有地が森友学園に超格安で売却されたという問題が発覚した。問題を追及した豊中市議により、安倍首相の昭恵夫人が名誉校長を務める小学校の開校をめぐり、不可解な不動産売買と建設工事の実態が暴露された。これに対し、安倍首相は妻の関与を全面否認し、「もし事実なら首相も国会議員も辞任する」と強弁した。その後、日本会議幹部だった当該学園長夫妻が事実を語り出し、安倍首相との対決姿勢を強めた。また三月、愛媛県の大学増設で「長年の友人」が理事長を務める加計学園への巨額の特恵が発覚したが、これは情報を徹底的に管理して内部告発を封じた。この二つを合わせて「モリ・カケ問題」と言われ、公

2018 年 4 月　「安倍政権は退陣を！　あたりまえの政治を市民の手で！
0414 国会前大行動」（『アジェンダ』61 号より）

私混同を超えた首相権力の私物化が問題になった。

それでも、同年夏から秋は朝鮮のミサイル発射などで朝鮮半島の危機が続き、野党が分裂状況にある中、突然安倍首相は解散権を行使して総選挙に突入した。その結果、分裂した野党はともに五〇議席余りに留まり、自民党は二八〇議席以上となって圧勝した。この選挙に見られた解散権の一方的行使には批判が相次いだが、「憲政の常道」を無視する安倍首相は聞く耳をもたなかった。

翌一八年春、森友問題で文書改ざんを指示された財務省職員が自殺すると、指示した上司は栄転先の国税庁長官を辞任するなど問題は長期化した。ちょうどこの頃、平昌オリンピックが閉会して南北関係が急進展し、トランプ大統領まで朝鮮との関係改善に動き出した。四月末の南北首脳会談、六月の米朝首脳会談を通じて対北融和が進展すると、安倍首相は文在寅政権に強く反発した。その結果、トランプを説得する形で一九年二月ハノイでの米朝首脳会談は物別れに終わり、その後も三・一運動一〇〇年で盛り上がる文政権を執拗に攻撃した。具体的には、七月参院選時の「半導体関連の輸出規制」など、表では経済抗争を仕かけ、裏では統一教会と連携して文政権を揺さぶった。

一方、この一九年五月に天皇が代替わりして元号が平成から令和になる。その直後、年々肥大化した「桜を見る会」の会計が問題になり、地元支持者や文化人仲間など約二万人を招待して税金と権力を私物化する実態が暴露された。この会には統一教会関係者も招かれて長年の交流がうかがえたが、菅官房長官らが強権的にもみ消して参院選でも圧勝したが、改憲議席の確保には失敗した。

こうして迎えた二〇年、年初からコロナ禍が本格化して大騒ぎになり、東京オリンピックの延期が決まり、夏までに第二波、第三波が押し寄せたが、今思えば、当時の死者や感染者は極めて少なかった。それでも、このコロナ禍を陣頭指揮した首相側近による親政体制とその無能ぶりが露見し、微妙な立場に立った菅は八月末に安倍首相を辞任に追い込み、九月には首相に就任した。だが、この菅政権は「首相と官房長官を一人で担う」と言われるほど、彼の独断専行ぶりが際立った。加えて、翌夏のオリンピック開催まで第四〜五波が冬から夏まで間断なく訪れ、この強行突破の方針と任期末の解散総選挙に挟まれて菅首相の支持率は急落した。結局、安倍と菅は首相と官房長官を七年半務めたが、コロナ対策の内紛で崩壊した（安倍国葬時に菅が読み上げた弔辞の末尾、伊藤博文に先立たれた山県有朋の一句に、彼らの歴史認識が端的に示されている）。

ここで、安倍政権が長期化した要因を挙げると、第一には3・11東日本大震災後の復興・支援に向けて長期政権（直前六年は毎年交代）が望まれた。第二は、拉致問題を軸に朝鮮への強硬策で選挙に勝利したこと、これと合わせ第三に、統一教会・日本会議（神社本庁）などの宗教や言論・マスコミの監督機関である文科省と総務省を首相官邸が掌握した。第四に、解散権など選挙制度を恣意的に悪用して長期政権を確立し、第五に、野党分裂・多党化を推し進めて自民一強体制を確立した。つまり、第一次政権時の失敗体験に学んで安倍―菅という双頭体制で官僚を統制し、解散権をテコに選挙勝利に集中した結果と言える。

では、なぜその政権が崩壊したのか。韓国キャンドル革命以後、日韓両国の対北政策に違いが生じ、特に一八年トランプ政権が米朝首脳会談を開催する前後、それは極限に達して日韓首脳間の葛藤は正念場を迎えた。翌年、コロナ禍が東アジアに広がる中で基本対策をめぐる日韓の落差が露呈し、政権内でも安倍―菅双方の側近官僚を中心に内紛が生じ、幹事長人事をめぐる党内抗争へと発展した。結局、菅官房長官の主導により安倍首相は追いこまれ、病気を理由にして交代した。だが翌夏、東京オリンピックの強行開催に批判が高まり、菅自身も辞任に至った。

3．韓国の動向

この時期は、キャンドル革命後の一七年五月大統領選で圧勝した文在寅政権期であり、最初は南北の緊張が極度に高まった。だが、一八年二月の平昌オリンピックに朝鮮の選手団が参加すると、同大会終了後に韓国の特使団が朝鮮と米国を訪問し、六月シンガポールで米朝首脳会談が実現した。この前後に南北首脳会談が三回開かれて米朝対話の進展も期待されたが、翌年ハノイ会談の決裂後は旧態に復した。そこには安倍政権の介入もあり、その後の日韓関係は経済的対立も深めながら最悪の状態に陥った。

一七年三月末に次期大統領選が告示される中で朴槿恵は拘束・収監され、五月キャンドルの精神を受け継ぐと宣言した文在寅候補が圧倒的票差（保守派・中道派との三派戦で41％対24％対21％）で勝利して大統領に就任した。ただ、キャンドル市民派の勝利とはいえ、国会内の支持政党では大別して民主派・中道派・保守派は4対2対4で、三年後の総選挙までは変更できなかった。つまり、少数与党の文政権の限界は明らかで、保革対立を基本とする政治・社会状況下での政権運営は困難を極めた。ただ、従来の保革対立と言えば、朝鮮戦争以来の朝鮮との敵対・分断を続けるか否かだったが、各党内でも微妙な温度差が生じていた。こうした状況下で、文政権が選んだのは国際的環境に制約されながらも対話・和解に重点を置く道で、七月金大中にならって「新ベルリン宣言」により朝鮮に呼びかけた。その骨子は「北の安全を保障する朝鮮半島の非核化」と「恒久平和体制の構築」だった。

だが、当時の朝鮮は核・ミサイルの高度化に邁進しており、トランプ政権発足後にミサイル発射実験を一〇回以上も行ない、九月に六度目の核実験を強行した。またこの間、両国の非難合戦は激化する一方で、国連での制裁強化も決議されて一触即発の危機が東アジアを覆った。そんな折の一一月末、朝鮮は最大級のミサイルを発射して「核戦力の完成」を表明したが、これが平昌オリンピックの参加に向けた南北協議開始のシグナルになった。

一八年元旦、金正恩委員長は「平昌オリンピックへの朝鮮選手団の参加」を明言し、韓国側に閣僚級会談の早期開催を提言した。文在寅大統領はこれに即応し、南北閣僚級会談を経てオリンピック関連の共同行事の大枠が決められた。そして、朝鮮の選手団参加に関する措置はＩＯＣの協力で順調に進み、同大会は文字通りの「平和の祭典」として大成功を収めた。さらに、大会終了後に文大統領特使団が平壌に派遣されて南北首脳会談の四月開催が決まり、その特使団が訪米してトランプ大統領に金正恩委員長の親書を手渡すと、一気に米朝首脳会談の早期開催へと話が急展開する。その後、二度の南北首脳会談と中朝首脳会談が開かれる間、朝鮮半島の非核化をめぐって一進一退の状況が続いた。結局、六月シンガポールで朝鮮戦争後初めての米朝首脳会談が開かれて共同声明が発表されたが、そこに金委員長の姿はなかった。声明では、①新たな米朝関係の樹立、②朝鮮半島の恒久かつ強固な平和体制の構築、③朝鮮半島の完全な非核化などが努力目標として表明されるにとどまった。

その後の九月、文大統領は朝鮮を訪れて再び首脳会談を行って「南北平壌宣言」を共同発表する。その内容は、南北では実質的な「朝鮮戦争の終結」を意味し、「民族の和解と共存」の表明であったが、朝鮮戦争の他の当事国である米・中と周辺国の日・露への対応が課題として残された。特に日本はこうした流れに反発し、安倍首相はトランプ大統領に政策転換を求め、翌年二月ハノイでの米朝会談は進展なく終わった。また、韓国では同年は三・一独立運動一〇〇周年にあたるため様々な祝賀行事が催されたが、これへの反発もあって日本は参院選時に「半導体関連品の対韓輸出規制」を発動した。一方、これを「経済戦争」と受け止めた韓国は日本製品の不買運動を始めたため、日韓関係は政府間だけでなく市民も参加する形で悪化した。

当時曺国法相の任命問題が与野党間で争点化していたが、『反日種族主義』という書が話題を集め、日本ではベストセラーになった。だが、この書の刊行には統一教会が関与し、日本での韓国批判にも彼らが大きな役割を果たした。これらは安倍の死後に明らかになるが、コロナ禍初期に表面化した日韓両政府の対策の違いや優劣を論じる時も、日本のマスコミを先導したのは直・間接的な統一教会支持者が多かった。また、二〇年総選挙で文政権の圧勝直後、「慰安婦」問題での内紛や朴元淳ソウル市長の自殺が起きると、文政権を攻撃する先頭に立った彼らは日韓守旧派の連合を推進した。また彼らは、安倍―トランプの媒介役を自任して米・日・韓の守旧派を結集し、朝鮮指導部とのパイプも悪用して南北分断体制を補完する朝鮮停戦体制の再編をめざしている（ただ、彼らが希望した尹錫悦政権の誕生直後に安倍銃撃事件が起き、安倍・改憲派と統一教会とのつながりの深さも露呈した。日韓両国の政治・社会が激動する中、今後の東アジアを展望しながら、新たな日韓関係をどう構築するかが問われている）。

＊日韓現代史における安倍晋三と朴槿恵③

安倍元首相の祖父・岸は、植民地統治の延長上にあった朝鮮戦争後の南北分断体制に加え、その戦火が及ばぬように日米安保条約で守られた基地国家・日本と南北朝鮮との分断という二重の分断体制である「朝鮮停戦体制」を確立した。この枠組を米国とともに堅持しようとする安倍・改憲派は安倍首相―菅官房長官の役割分担を表裏一体で行ない、「押しと引き」を巧妙に混ぜて世論を誘導した。その政治手法は「徹底した上意下達と情報非開示」を旨とする日本帝国の官僚統制であり、彼らがめざした改憲案は統一教会案とも酷似していた。実は朴槿恵政権では官僚統制が不十分だった。発端は一四年春セウォル号沈没事故だったが、一六年秋からのキャンドル革命時にも内部告発が相次ぎ、現代版の民衆蜂起であるキャンドル革命によって朴政権は崩壊した。しかも、この過程は憲法秩序に則したものであり、次の文在寅政権によって南北分断体制の動揺が本格化する中、朝鮮停戦体制の再編・強化をめざした安倍元首相の死は極めて衝撃的だった。韓国と日本のどちらが民主的かは問わないが、彼の支持者が死後もなお「軍拡・改憲」を推進している日本の現状をどう見るか、それを日本の枠内だけで考える時代は終わりに近づいている。

＊第一次キャンドル政権の意義と限界

一七年春、キャンドル革命を受け継ぐ文在寅政権が誕生したが、米朝間の対立は年末に最高潮に達した。当時金正恩委員長は「核戦力の完成」を誇示したが、元旦に「平昌オリンピックへの参加」を明言して閣僚級会談の早期開催を提案した。これに文大統領は即応し、南北閣僚級会談を通じて大枠を決め、同オリンピックは「平和の祭典」となった。閉会直後、大統領特使団が朝鮮に派遣されて南北首脳会談の四月開催が決まり、さらに特使団は訪米してトランプ大統領に金委員長の意向を伝えると、一気に米朝首脳会談の早期開催へ急展開する。二度の南北首脳会談と中朝首脳会談を経て、六月シンガポールで初の米朝首脳会談が開催された。その後、九月平壌での南北首脳会談では「朝鮮戦争の終結」に向けて進展したが、翌年二月ハノイでの米朝首脳会談は物別れに終わった。その直後、韓国では三・一独立運動一〇〇年を期して様々な祝賀行事が催されたが、これに反発した安倍政権は「半導体関連の対韓輸出規制」を発動した。これを「経済戦争」と受け止めた韓国との関係は悪化し、世界的規模でのコロナ禍もあって最悪の状態が続いた（なお、岸田―尹政権による日韓関係の改善は小渕政権時のパートナー宣言を基本にするしかない）。

◆関連書籍

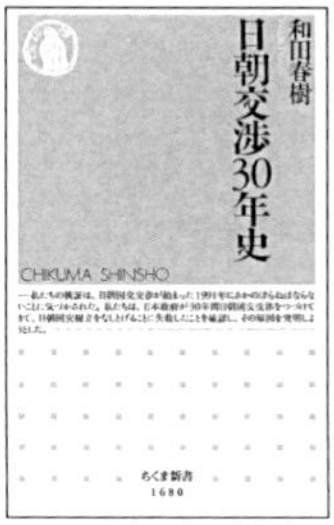

①青柳純一『韓国民主化 100 年史』（新幹社、2019 年）

②和田春樹『日朝交渉 30 年史』（筑摩書房、2022 年）

①は、本書刊行の出発点と言えるブックレット版『韓国 100 年史』で、三・一独立運動 100 周年を期して出版された。特に平昌オリンピックから南北首脳の平壌会談に至る過程が「新たな戦後を準備する」という視点から朝鮮停戦体制の終戦・平和をめざす本書と通底している。この基本視点を共有する②の著者が、一貫して主張してきたのが日朝国交正常化であり、それを基本にすえた東アジアの平和体制である。彼は②で、米ソ冷戦体制の解体から 30 年間の「日朝交渉史」を当事者の責任において総括し、日本政府に政策の転換を求める。特に日朝首脳会談と平壌宣言の精神を強調し、日朝関係が危機的な状況にある今こそ、原点に返って交渉による諸問題の解決、そして国交正常化を訴える。

＊沖縄は軍事基地か、観光拠点か

本書の性格と筆者の力不足により、あまり触れられなかったのが「沖縄闘争」の歴史的経緯である。だが実は、日・韓・台・中の狭間で、今後最も重要な位置にあるのが沖縄であり、特に日韓市民社会のギャップを考える時、この間一貫して先駆的役割を果たしてきたのが沖縄である。それは「市民の政治参加」という点で特筆に値する。顧みれば、六〇年代に「本土復帰」という形で自己決定権を求めた「沖縄闘争」は、九〇年代半ばに高揚した反基地・人権闘争へと受け継がれ、今は辺野古新基地の建設阻止を争点にして展開されている。これらの闘争自体が日本における朝鮮停戦体制の実態を暴露しているが、尹錫悦政権下で迎えるはずの韓国市民社会の岐路にあたって、日本の中では最も敏感に呼応するのが沖縄の市民だろう。とはいえ、沖縄におけるこの岐路の選択は、軍事基地か観光拠点かという形をとる。コロナ禍が一段落して玉城知事がとる戦略は日本・韓国とともに台湾・中国にも働きかけて観光立県をめざす道である。この成否は、台湾有事とともに朝鮮停戦体制の今後と関連が深い。最大の問題は日本本土の沖縄に対する態度であり、朝鮮半島と同様に、植民地支配の歴史からくる差別・ヘイト感情の克服が求められている。

【補論Ⅰ】「安倍・改憲派と統一教会」二〇年史

1.「アベ政治」とは何だったのか。統一教会・勝共連合

「アベ政治」とは何だったのか。それは安倍晋三を中心にした政治勢力（安倍・改憲派）による改憲推進の強権政治であり、「国民は統治対象に過ぎない」政治であった。彼ら安倍・改憲派は、自らの強権的支配を永続化させる憲法の制定を共通目標にして結集したが、その中核には日本会議と勝共連合・統一教会（以下、統一教会）があった。彼らの「改憲」案によれば、「国民主権・基本的人権の尊重・平和主義」を基軸にした現行憲政秩序を破壊（壊憲）し、日本会議と統一教会が共有する家族観・社会観に基づく社会秩序の建設がめざされた。両者の存立基盤は日本と韓国という違いはあっても、戦前の大日本帝国を支えた家族観・社会観では一致していた。特に、その両者を束ねた安倍晋三の死後、彼と統一教会の関係が明らかになり、その実態もかなり判明した。そこで、彼らの約二〇年間の歩みを四段階に時期区分して振り返る。

2.安倍・改憲派の胎動

細田衆院議長によれば、「安倍さんと統一教会の関係は大昔から」だという。確かに、彼が小学生だった一九六四年、祖父岸信介の自宅の隣に統一教会日本本部が居を構え、その関係者が岸宅を訪れて彼に出会った可能性もある。また中学生だった六八年、岸が名誉会長を務める勝共連合が結成され、彼らは七〇年安保闘争前後に活発な反共活動を展開した。ただ、七二年日中国交正常化後はその活動は停滞し、金大中拉致事件の影響もあって活動は水面下へと潜行した。その後、霊感商法や合同結婚式など社会常識からかけ離れた活動で物議をかもしたが、岸―安倍晋太郎を中心に政界からの庇護を受け続けた。そして八七年、中曽根裁定時に文鮮明教祖は安倍政権の成立に期待したが挫折、この直前に岸が死に、九一年に安倍晋太郎が亡くなった。彼らの遺志を継いだ安倍晋三は九三年に衆議院議員に初当選し、九五年には終戦五〇年の国会謝罪決議に反対して名をあげ、九七年に極右派を結集した日本会議の結成により若手右派の代表的政治家へと急成長した。さらに森政権期に自民党内リベラル派が崩壊する中、官房副長官に抜擢されてＮＨＫの放送内容の改変に介入した。その後、彼を中核にして日本会

議と統一教会を束ねる形で安倍・改憲派が形成され、約二〇年にわたって政治の中枢で大きな影響力を行使した。その盛衰に大きな影響を与えた契機は拉致問題と天安艦沈没事件、キャンドル革命であり、いずれも七〇年続く「朝鮮停戦体制」の性格と深く関わっている。

3．安倍・改憲派の形成過程

安倍個人の主張を端的に示すのが、小泉訪朝時に同行して「(拉致問題への）謝罪がなければ、日朝平壌宣言に署名すべきでない」という進言である。同宣言の中心課題は「日本の植民地支配」に対する反省を踏まえ、東北アジアの平和と安定を維持するために国交正常化をめざすはずだったが、この進言などで拉致問題が争点化され、その後の日朝交渉は難航を重ねた。その発端は首脳会談直後に行われた小泉首相の記者会見にあり、会談の成果として何が達成されたかを語るべき場で、首相は拉致問題から語り出した。しかも、金委員長からの謝罪、家族との再会、帰国の実現などを語りながら、宣言冒頭にある「植民地支配により朝鮮の人々に多大な損害と苦痛を与えた」ことを反省、謝罪し、国交正常化後に経済協力を行なうことは明言しなかった。この会見内容が意図的か否かは不明だが、結果的には安倍の主張を支持し、その後も彼を重用し続けて安倍・改憲派の台頭を促し、彼らの政権樹立を支援する役割を果たした。

首相帰国後の日本では、拉致問題をめぐる報道が全国を席巻して日朝国交正常化の動きは完全に停滞し、拉致家族会やその支援者を中心にして対朝鮮強硬論が台頭する。これと並行して、当時のブッシュ政権が「9・11」後に「テロとの戦争」を宣布し、イラク・イランと並ぶ「悪の枢軸」として朝鮮を名指ししていた事情も加わる。その背後にはネオコン系のジャパン・ハンドラー(JH)の存在があり、彼らが親密にしていた統一教会と、安倍や日本会議を結びつけた可能性が高い。

いずれにせよ、拉致問題を契機にして日本会議と統一教会を安倍が束ねる形で安倍・改憲派が誕生する。その後、山谷えり子をはじめ日本会議の一員である議員とともに、統一教会人脈とみられる政治家や学者・文化人多数が拉致議連を中心にした安倍・改憲派に続々と合流し、政界の内外に一大勢力を形成する。安倍自身も小泉政権下で〇三年秋には党幹事長に就任し、〇五年秋には官房長官として初入閣した後、小泉首相とも協力しながら自らの政権を準備していく。

4．安倍・改憲派政権の成立と再編

ここであらためて注目すべきは、彼と統一教会との関係である。実は、九五年地下鉄サリン事件を機にオウム真理教に解散命令が出た後、次には霊感商法や合同結婚式などで社会的に厳しく批判され、献金による信者関連の裁判で違法な実態が判明していた統一教会が解散対象に挙がっていた。だが、この頃に政界からの圧力で話は立ち消えになり、統一教会も「家族・家庭の危機」を中心に訴える「家庭連合」を自称してイメージ転換を図った。また、この団体が主催する合同結婚式に〇六年五月、安倍名義で祝電が送られた事実が『世界日報』で報道されており、政治家の中でも関係の緊密さがうかがえる。

それから四カ月、首相に就任した安倍は同年末に防衛庁を省に格上げし、次いで教育基本法の改定後、国民投票法を成立させて改憲への動きを本格化させた。だが当時、「消えた年金記録」が発覚して政権への不信が高まり、閣僚の不祥事も相次いで七月参院選では民主党が圧勝、参院第一党になった。この歴史的敗北の中、安倍首相は引責辞任を迫られながらも続投を表明して一カ月半、結局は持病を理由にして辞任した。この間、「お友達内閣」と言われるほど安倍・改憲派からの閣僚起用が目立ったが、いま振り返れば、それは拉致議連を中心にした統一教会・日本会議の人脈とも重なっていた。

その後、自民党の福田康夫、麻生太郎が首相となり、〇九年秋衆院選で民主党の三〇〇議席を超える圧勝によって「東アジア共同体」構想を掲げる鳩山政権が誕生した。だが、この間に韓国では従米・分断派への政権交代があり、当時の李明博政権は金大中・盧武鉉政権から続く南北交流事業には消極的だった。こうした状況下で一〇年春に天安艦沈没事件が起きると、李政権は交流事業を断絶して南北対立へと舵を切る。この影響を最も受けたのが日本であり、鳩山政権は沖縄の米軍普天間基地の県外移転を断念して崩壊する。そして菅直人政権となるが、元来民主党政権内には拉致問題などの対朝鮮政策をめぐって対立があり、内部矛盾が深化する。結局、この事件で最も活気づいたのは安倍・改憲派で、自民党内外に「応援団」が拡大していく。こうして一二年秋の総裁選挙で安倍が勝利した時、菅義偉などの党内支持者に加え、金美齢や拉致問題の西岡力共同代表など統一教会系の人脈との再編も最終段階にあった。そして同年末、総選挙に自民党が圧勝し、第二次安倍政権が成立すると、その再編はほぼ完了した。

5．安倍・改憲派政権の確立と崩壊

一二年末の総選挙で自民党は圧勝し、安倍自身も五年で首相復帰に成功した。この時、前回以上に安倍・改憲派で閣僚を固めると同時に、菅を官房長官に起用して官邸内も警察官僚中心に完全掌握する。そして、特定秘密保護法の制定や内閣人事局の設置など改憲に向けた布石を打ち、一三年夏の参院選と一四年末の衆院選に勝利して長期政権の基盤を確立する。こうした選挙時、統一教会関連の票を差配したのが安倍自身で、党内での影響力は絶対的だった。翌一五年夏、戦後七〇年首相談話で村山談話の書き換えをめざすが米国の反対で挫折、この頃統一教会の名称を下村博文文科相と図って変更した。また、秋には安保法制を強行採決し、年末には朴槿恵政権との交渉を通じて「慰安婦」問題での合意を発表した。また当時、安保法制に反対したシールズに対抗してユナイトという政権支援の学生団体が参院選などで活動するが、彼らは統一教会の学生組織だった。

実はこの頃、南北分断を前提にした「朝鮮停戦体制」を補強する関係改善が日韓双方の念頭にあった。だが、韓国では日本との関係改善に異論も多く、秋に朴大統領の背後にいた統一教会の流れをくむ崔順実が国政を差配する実態が明らかになると一気に爆発した。それがキャンドル革命で、一七年春に朴大統領は弾劾、罷免されて政権交代した。さらに一八年春、平昌オリンピック後の南北首脳会談、米朝首脳会談と急展開して「朝鮮停戦体制」は瓦解寸前に至った。同じ頃、日本では「モリ・カケ・サクラ」などの不正が表面化して安倍政権も受け身に回ったが、トランプ自身やボルトンとつながる米国の統一教会人脈が事態を沈静化させた。結局、一九年二月米朝ハノイ会談は物別れで終わり、日本は米国から兵器を大量購入するという代価を支払って自らの目的を達成する。

同年、日本が「半導体部品の輸出規制」をかけて「経済戦争」と言われるほど日韓は対立し、コロナ禍でも協力できなかった。その根底には安倍政権の文在寅政権への反発があり、「朝鮮停戦体制」への執着があった。

その後、安倍政権はコロナ対策をめぐる様々な不手際によって国民の反発を買い、また菅との内紛も激化して二〇年夏に再び病気辞任に追い込まれた。ただ、後を継いだ菅首相も安倍・改憲派の中心人物であり、念願のオリンピックを強行開催した。だが、予想された通り、コロナ対策の不備によって感染者や死者が急増し、社会的にも批判に直面して退陣を余儀なくされた。

6．二三年春、安倍・改憲派の現況

その直後の総裁選では岸田文雄と安倍が推す高市早苗などが激突し、岸田が勝利して首相に就任するが、安倍・改憲派は最大派閥として影響力を誇示した。だが翌年、安倍と親しかったプーチンがウクライナへの戦争を開始し、韓国では再び政権交代があった後、七月参院選時に銃撃事件が起きて安倍自身が急死する。事件後から「国葬」までの二カ月半、連日様々な角度から安倍・改憲派と統一教会の関わりが報道され、特に自民党の改憲草案に与えた安倍と統一教会の影響力の大きさに国民は驚愕した。中でも、「朝鮮停戦体制」に基づく安保政策とともに統一教会の家庭・社会観に基づく家族政策の強調が際立ち、彼らは改憲に向けた動きを全国の地方議会レベルで展開していた。もしこの事件がなかったら、元NHKの岩田明子が述べたように、安倍は二四年総裁選に勝利して三度目の首相に返り咲き、統一教会とともに改憲へと突き進んでいたに違いない。

その彼の死から一年近く、安倍・改憲派の後継者は今も決まらない。岸田首相は「改憲」を強調しているが、安倍がトランプと約束した米国製兵器の大量購入による「軍拡」は今後の財政を圧迫し、「軍拡より生活支援」を訴える声は女性中心に根強い。統一地方選の結果を見ると、「軍拡・改憲」を主張する推進（安倍・改憲）派と微妙な距離を置く志向派との間に多少の温度差がある。岸田首相自身がどちらを選択するのか、またその影響が党内に、社会にどう広がっていくのか、自民党の今後を左右するだろう。加えて、一応日韓関係の改善は実現したが、彼らの存立基盤である朝鮮停戦体制が韓国で維持されるのか否かに左右される。ただ、安倍亡き後の安倍・改憲派にとって統一教会という友軍が姿を隠した現状は未曽有の事態である。一方、統一教会はここが存亡をかけた正念場と見て「解散命令の阻止」に全力を傾けている。

ところで、昨年九月末に強行された「安倍国葬」とは何だったのか。『東京新聞』（一〇月八日付）によれば、自衛隊を大量動員して「戦前回帰」を前面に押し出した復古調の国葬であり、今後も閣議決定だけでこうした国葬が実施される可能性がある。すでに忘れかけた人も多い「安倍国葬」だが、このまま黙認していいはずがない。「アベ政治」の到達点であり、統一教会との関係を象徴する「安倍国葬」を違憲と断じることは、今後の「改憲阻止」にも重要なカギとなる。先日の「国葬反対」訴訟の初公判はこうした運動の始まりである。

【補論II】ウクライナ戦争と朝鮮停戦体制

1．ウクライナ戦争を見る視点

昨年二月、ロシア軍がウクライナに侵攻した時、米軍のイラク侵攻のように、短期間で首都キーウを占領して主要部を属国化するはずだった。このプーチンの思惑は完全に失敗した。戦況は最低限でも東南部四州を占領下に置く目標も達成できずに膠着状態にあり、むしろウクライナ側の反転攻勢が始まった。それだけに核の使用を含む危機が今年中に訪れる可能性もある。「プーチンの戦争犯罪」を指摘することはできるが、双方の兵士、市民の犠牲を思うと暗澹たる思いで「戦争の悲惨さ」は今さら言うまでもない。だからこそ、できるだけ早い停戦を願うしかないが、それも戦場から遠く離れた日本だから言える話かもしれない。とはいえ、あらためてウクライナ戦争の現実を直視すれば、今後の戦争の行方とともに日本社会の在り方も、個々人の生き方も重要な転機を迎えている。そこで、この機会にウクライナ戦争から何を学ぶのかを整理してみたい。

2．米ソ冷戦終結後のウクライナと東アジア

戦争開始後、ウクライナとロシアの長い歴史と双方のつながりの深さ、複雑さを初めて知らされた。それは東アジアにおける日本と朝鮮の関係と並ぶほど深いかもしれない。それとともに、ソ連時代のウクライナはロシアの植民地に近い状態で、一九三〇年代前半には苛酷な飢餓状態を強いられた。また、第二次大戦の前後も含めてナチス・ドイツとロシアの間で、双方の先兵役を強いられる構造が存在した。そうした歴史を踏まえ、プーチン政権になった後、ウクライナには二度の大きな転機があった。最初が〇四年末のオレンジ革命で、次が一四年のマイダン革命である。いずれも北西部の欧米支持派と南東部のロシア支持派が対立し、国を二分する形で政権交代が実現した。そのため政情は不安定で、特に一四年にはロシアが介入してクリミア半島はロシアに併合され、東部二州ではロシア系武装勢力がキーウの中央政府とは異なる「国」を名乗り、内戦が続いてきた。このウクライナの内部分裂が今回の戦争勃発の要因であり、戦争の悲劇を生み出したと言える。

ここで留意したいのは、隣接地域との分裂や敵対関係が周辺国の介入を呼び込んで戦争が拡大するという構図

である。これを日本周辺に置き換えれば、最もそのリスクが高いのは朝鮮半島の南北関係であり、次に台湾と中国の両岸関係、そして朝鮮半島と日本の関係である。この三点目はふだんあまり意識されないが、日本が「半導体製品の輸出規制」などの経済措置をとった際に生じた日韓対立など、朝鮮半島と日本の間では歴史問題が浮上すると生じるリスクが潜在している。そして、これらのリスクが高じた時に生じる日本周辺での緊急事態を、「朝鮮停戦体制」の現状と認識しておく必要がある。

3．ウクライナ戦争の三つの教訓

さて、昨年来のテレビや新聞、またネットなどを通じ、ウクライナ戦争の教訓として「戦争の脅威」が語られ、従来からの「中国の脅威」に加えて「台湾有事」「軍備増強」が声高に叫ばれ、政府は「安保三文書」の策定へと突き進んだ。だが、ここで見落とされているのは「外交の失敗」であり、開戦に至る過程で外交がほとんど機能しなかった点にこそ着目すべきだろう。この点を中心に、日本周辺の現状を再点検して対策を立てる場合、念頭に置くべきウクライナ戦争の教訓とは次の三つである。

（1）外交による戦争回避の失敗

戦争が始まって一年、この間はトルコなどの仲介による形ばかりの停戦交渉しか行われてこなかった。本来、ロシア軍の一方的なウクライナ侵攻であるため、停戦のカギはロシア、特にプーチンが握り続けており、第三者には何ともしがたい。ウクライナ側は基本的には守勢で、被占領地のロシア領化を認めざるを得ないような停戦は受け入れがたい。一般市民を含む犠牲者が増え続ける中でも「抗戦放棄の停戦」は成り立ちがたい。逆にロシアでは、「特別軍事作戦」の成果が上がらない以上、国内の反対世論を封殺してでも作戦遂行に力を入れる。その結果、膠着状態にある戦況だが、最近始まったウクライナの反転攻勢でどうなるかが、今後を左右するだろう。

とはいえ、この一年間のウクライナ側の被害は人的にも物的にも甚大であり、戦争に伴う損失は計り知れない。ロシアもまた前線で死傷した兵士や国外への脱出者はもちろん、国内外における社会的損失は極めて大きい。つまり、双方が甚大な被害・損失を日々拡大させる一方、利益を上げるのは米国の軍需産業という構図が定着している。それでも停戦できない現状を直視すれば、「戦争の当事者」には絶対にならない、「戦争の絶対的な回避」が最大の教訓である。これは日本にとってだけでなく、近隣諸国の政治指導者にとっても肝に銘じてほしい教訓だろう。この点から、最近金正恩委員長の演説で、「戦争を主敵とする」(二二年一〇月一一日)との表現があったことは注目に値する。私たち日本の市民も、政府に一任するのではなく、戦争だけは絶対に避けようとする平和外交、それに向けた発信が求められる。

(2) 原発が原爆になる

第二は、開戦当初の北部チェルノブイリ(ロシア語読み)原発のロシア軍による占領と南部ザポリージャ(同)原発の攻防が意味する教訓である。前者に関しては昨年前半にロシア軍が撤退して一段落したが、かつての原発事故の被害に無知だった多くのロシア兵が犠牲になったという。後者のリスクは現在も進行中で、ミサイル攻撃以外でも何かの事故やトラブルが発生した場合、戦時下で有効に対処できるのか疑問が残る。一応、IAEA(国際原子力機関)が介在して危機管理を担っているが、不測の事態が起きないとも限らない。要するに、戦時下では原発が原爆に転化する危険は常在しており、そのリスクを予知したこともこの戦争の教訓である(ミサイル攻撃を受けた稼働中の原発は原爆規模の被害を招く)。

(3) 戦車戦からミサイル戦に

開戦当初のロシア軍は戦車隊を先頭に立ててキーウなどの占領をめざした。その様は日本軍が満州侵略に使った戦法に似ており、満州平原に近い南東部では一気に進撃したが、山間の一本道に阻まれた北部では占領地は限られた。総じて、ロシアの進撃は川などに阻まれ、また欧米の支援を受けたウクライナ側の対戦車戦が奏功して一進一退を重ねている。そこで、ロシア側はミサイル攻撃が主となり、当初は軍事施設が中心だったが、今では高層住宅や一般施設も対象に含む無差別攻撃へと移っている。しかも、兵器不足などの事情もあって旧式のミサイルが使われ、正確度にも問題があってむしろ危険度は高まった。こうした実情から見れば、今後の戦争は、戦術核も含むミサイル攻撃が主流になるに違いない。そして、偶発的な事故から生じる開戦のリスクも含め、一週間程度という短期間に「決着する」事態も起こりうる。

4. 最悪のシナリオ①　朝鮮停戦体制の崩壊

このウクライナ戦争の教訓を日本周辺に当てはめた場合、最悪の事態とはどういうものだろうか。また、それへの対策を日本政府は準備しているのだろうか。声高に叫ばれる「台湾有事」でも、南北対立による朝鮮停戦体制の崩壊でも、日本にとって被害甚大な「最悪のシナリオ」はハッキリしている。稼働中の原発に対するミサイル攻撃、特に若狭湾沿岸の原発集中地域に対する攻撃である。

この点に関しては、「すぐにとれる対策は事実上ない」（更田前原子力規制委員会委員長、二二年三月参院特別委での答弁）状態にあり、朝鮮や中国のミサイル攻撃能力を勘案すれば、「事実上不可能」と言わざるをえない。それでも対策が問われた時、原発集中地域に限らず、ミサイル防衛兵器の配備への反対は全国各地で根強く、艦船による迎撃以外にはない。こうした状態で原発を再稼働させながら、トマホークなどの軍備増強・拡大を図っても実効性はあるのだろうか。また、昨年末の「安保関連三文書」が示すような軍拡路線で、本当に「東アジアの平和」が確保できるのだろうか。

この軍拡路線が危険なのは、相手（敵）も同じように考えやすいことと、突発的な事故・事件を機に双方で先制攻撃を発動する可能性である。本来なら、こうした突発事態を防ぐために外交交渉が行われるべきだし、相互信頼まではムリでも相手の立場や主張を知ることは不可欠である。また、隣接国あるいは近隣国との関係であるため、社会全般にわたる交流が望ましい。いずれにせよ、「朝鮮停戦体制」のリスクに対処する方法は外交抜きには考えられない。突発的な事故・事件により、戦争の危機が短期間で一挙に爆発しないためには近隣諸国、特に朝鮮との外交交渉が極めて重要である。それが全くない現状は危険であり、今すぐ検討すべき課題である。

5．最悪のシナリオ②　日本の財政・経済の破綻

安倍政権が批判を無視して強行してきたアベノミクス以来、「財政の健全化」は放棄されて借金財政が当たり前になり、国債を日銀が大量に買い付ける事態が日常化している。コロナ禍などで産業構造の大転換が迫られているにもかかわらず、ガソリン車や原発が日本の経済・社会を支えていると錯覚し、旧態依然とした慣習に固執している。最悪のシナリオ①が突発的な事故などで一気に爆発するリスクがあるのに対し、このシナリオは緩やかにだが、近い将来に確実に訪れると想定されるリスクである。それは経済専門家が警鐘を鳴らしているだけでなく、素人にもわかる様々な指標から予見される未来だが、政府の対策は皆無に近い。私たち自身がいかに対処するのか、その対策に向けて知恵を集める必要がある。

むすびに

1．二〇年代後半への懸念——朝鮮停戦体制の岐路

思い返せば新型コロナ禍が始まった一九年末、四人のデマゴーグ（トランプ、安倍、プーチン、ボルソナロ）が世界を席巻していた。翌年末には安倍とトランプが実権を失い、昨年にはボルソナロも落選した。プーチンもウクライナ侵攻の失敗で足元が揺らいでいる。もちろん、トランプとプーチンは熱烈な支持者を身辺に抱えているが、こう見ると、彼ら四人に代表されるデマゴーグたちは、コロナ禍三年間の紆余曲折を経ながら国際社会での影響力や発信力はほぼ失ったと言える。コロナの威力か、実体経済の生命力か、とにもかくにも多数の犠牲者を出しながら多くの人々は生き延びた。とはいえ、今後数年から一〇年前後で、人類は本当の意味での分岐点を迎えると思われる。それを世界的規模で見れば、気候危機など「成長の限界」を示す様々な指標が「臨界点が近い」ことを予告する。そして、人類生存の危機を防ぐための緊急行動が二〇三〇年までに求められている。それを念頭に置いてウクライナ戦争を見れば、いま人類は戦争などやっている時ではない。

これを前提にして日本周辺を見渡せば、最大のリスクは今年七〇年となる朝鮮停戦体制である。この体制もすでに臨界に近づいており、戦争再発への道か、恒久平和への道かという分岐点が、二〇年代後半に訪れようとしている。特に昨春、韓国に尹錫悦政権が成立して以来の朝鮮半島情勢は、今まで水面下に隠れていた朝鮮停戦体制が浮上して姿を現した現実である。そのリスクが急浮上したのは、本書で強調した一〇年春の天安艦沈没事件以来で、特に日本が割り込む形で分断体制を強化したのは、安倍政権が安保法制を強行採決して改憲を具体化させた時期に重なる。当時、朴槿恵政権と歩調を合わせて「慰安婦」問題の日韓合意に達し、「さあ、準備完了」という時にキャンドル革命が起きて朴政権は崩壊した。その後六年、今度は「徴用工」問題の合意によって再び分断体制が強化されたが、それは米国の強い要請もあり一気に実現した。

こうして日・米・韓の三国同盟が結成されたが、それは「植民地支配の歴史」を封印して成立したもので、米国以上に日本が後ろ盾となって南北分断体制を再構築したことを意味する。そのため、もし突発事態が起きて南北間で戦争が暴発した場合、集団的自衛権が発動されて日本は後方基地ではなく、前線基地となる時代が訪れようとしてい

る。これに加え、もし万一、米・中間の対立が激化した場合、台湾および南北朝鮮と日本がウクライナの立場となる事態が現実化するだろう。そうした状況に、日本は軍事的にも、経済的にも本当に耐えうるのか。

　さて、朝鮮停戦体制の臨界である「戦争の再発か否か」という分岐点は、実は、尹錫悦政権によって現実化する可能性がある。政権成立から一年、韓・米・日の三国同盟を結成するため、尹政権は様々な譲歩と（普通の韓国人なら感じる）ある種の屈辱を重ねてきた。にもかかわらず、日・米からの見返りはあまりない状態で、尹政権は国民の支持を確保し続けられるのか。六〇年近く前の日韓条約締結時と同じく、検察・軍部関係者が政権中枢を担っているとはいえ、グローバル経済は大きく変化し、植民地支配の歴史と基本的人権に対する厳しい評価が世界の主流になっている。しかも、実体経済に専門知識のない元検事総長の尹錫悦政権の経済運営は、わずか一年足らずで様々な困難に直面し、経済指標の悪化が報じられている。こうした現実を前に、尹政権への国民感情の悪化は支持率の低下を招き、すでに「三分の一政権」という烙印を押されている。

　この状態で、どういう形で後継者を育て、いつまで現体制を維持できるのか。最長でも残り任期四年となった尹政権が打てる手だては限られている。おそらく、かつての朴正熙政権が強行した緊急事態である「維新体制」の現代版、何らかの突発事態を契機にして緊急事態を宣言する、これしか南北分断体制を強化する道はないだろう（似た発想は安倍政権にもあり、そこを曖昧にして「緊急事態条項」という）。とすれば、この三～四年が最も危険な時期であり、朴槿恵政権時に似たリスクを「漸進クーデター」（李南周「はじめに」『創作と批評』二〇一五年冬号）と感知してキャンドル革命を起こした人々が、この事態を傍観しているはずはないに違いないだろう。

　ところで、もう一つのリスクは日韓両国で進行中の「経済失政」のツケであり、財政・経済が破綻する可能性である。特に日本の場合、輸出立国を先導した自動車産業などが転機を迎え、原発への過度な執着は産業転換への遅れを招来している。その上での軍備増強と少子化対策、さらなる財政赤字の拡大は国債依存を深めて財政破綻を招くしかないだろう。できれば、その前段階で「生活防衛」が限界に達した時、あらためて戦争再発への道か、恒久平和への道（「平和の配当」としての軍備縮小）かが問われ、後者の道が選択されることを望むしかない。いずれにせよ、その時期は二〇二〇年代後半になると思われる。

2．三〇年代前半への期待――朝鮮半島の南北連合国家

九〇年代、韓国の民主化が進む中で米ソ冷戦体制が解体した頃、『創作と批評』誌編集人の白楽晴教授は南北分断体制論を提起し、二〇〇〇年六月南北首脳会談の実現に貢献した。それから一八年、キャンドル革命時代の朝鮮半島を直視した上で、「いかなる南北連合をつくるのか」（『世界』二〇一八年一〇月号）という論文で南北連合国家構想を提起した。当時は六月に米朝首脳会談が開かれ、九月に同年三度目の南北首脳会談が準備される中で、朝鮮停戦体制の成立から六五年目にして初めて米朝首脳が出会い、新たな両国関係をつくろうと合意していた。南北首脳と米朝首脳がともに合意した「朝鮮半島の完全な非核化」とは南北連合の建設と表裏一体の関係にある。つまり、南北連合の過程が非核化を必要とするように、非核化もまた南北連合の建設なしには達成しがたい、と白楽晴は断言する。

なぜなら、「現在の分断状況では、南の存在自体が北の脅威にならざるをえない現実があり、この現実を共同で管理する機構として南北連合が必須」であると指摘する。また、「統一国家をつくって諸問題を解決する道も当面はない朝鮮半島で、唯一の代案は南北連合という安全装置を創案して実行する道」であり、「南北連合の推進が非核化と平和体制の必須条件」であるという。一方で、明治期の日本が「脱亜入欧」路線をとることでアジアを分裂させて地域内に戦争を呼びおこし、世界的な覇権争いに参画してきた。最近の日本の右傾化と軍事力の強化もこうした歴史的背景と関連している、と彼は分析する。その上で、「略奪的な資本蓄積の全面化とこれによる貧富格差の拡大、気候危機で実感される地球環境の破滅的な変動を前に……文明の大転換を切実に要望」すると結論づけている（現在、最新の白楽晴論文集を翻訳中で、近々刊行する予定）。

ここで冷静に考えれば、二〇年代後半の懸念を払拭する唯一の道は、この南北連合国家構想しかないだろう。「朝鮮停戦体制を終戦・平和へ」と導くためには、南北双方が妥協できるだけでなく、米・中・日・露という周辺諸国も合意できる平和構想が必要である。そうした共通目標をめざしてこそ、朝鮮停戦体制は終戦・平和体制へと移行できる。逆に言えば、どこかで、誰かが「吸収統一」を画策する限り、「戦争再発への道」はいつ起きてもおかしくないし、突発的事態によって爆発してしまう。そのリスクを取り除き、朝鮮半島で二度と戦争を起こさないためには南北連合国家は不可欠である。そして、これが実現した場合、朝鮮半島には先駆的な「平和国家」が誕生することになる。

3．三〇年代後半への期待
――六地域三連合国家と市民自治体

では、もし朝鮮半島に南北連合国家が成立した場合、それは周辺諸国にどういう影響を与え、またどういう展望が開かれるだろうか。

まず日本の場合、その北部である朝鮮民主主義人民共和国との国交樹立を拒否する根拠が希薄になり、大枠では〇二年日朝平壌宣言に基づく交渉が本格化する。そして、経済支援と文化交流を中心にして両国間の関係は改善され、最悪のシナリオ①は過去の笑い話となる。また、中・台の両岸関係も現状が維持されるだけでなく、むしろ東アジア地域の安定を深める役割が増す。いずれにせよ、南北と日中両国を含む東アジア地域では武力行使の名分がなくなり、経済・文化交流が活性化して軍縮を伴う「平和の配当」により、同地域全体の人々の生活は「経済成長なし」でも現状維持が可能になるだろう。

それと同時に、経済・文化交流などにより共存共栄の基盤が確立される過程で、各国内の地域社会が地産地消型の食糧・エネルギー自給社会をめざすとともに、軍事基地よりも観光・文化交流の拠点が必要となる。その必要性が高まる中で、歴史的・地理的に最適な条件をもつ沖縄は独自の役割を果たす「特別自治県」となり、ここに東アジアには「六地域三連合国家」という独自の構想が確立される。そしてこの時初めて、欧米近代がもたらした「侵略戦争と植民地支配」という負の遺産を克服する基盤を東アジア地域内に確立し、欧米を含む全世界に「近代克服の新たなモデル」を提示できるのである。

ところで日本の場合、こうした構想を担える人間をどのように養成するのか、という難問に直面する。そこで細やかな一例として「国葬反対」運動を挙げる。昨年九月末に圧倒的な反対を押し切って強行された「安倍国葬」から七カ月、「国葬反対」訴訟の初公判が四月末に東京地裁で開かれた。当日原告団八二三人を代表して顧問格の小林節教授は、「国葬は個人の人格権に対する侵害である」と主張した。「国葬」とは国家の名により個々人に弔意を強要するもので、現憲法に関連法規はない。「国葬反対」を主張する原告団は、国家と距離を置く市民の立場を自覚し、これを根拠にして「国葬反対」運動を展開する。この運動では「個人の人格権」が重要であり、憲法前文にある平和的生存権を基本的人権として要求する。また国葬への賛否は、国家の下請け機関ではない市民自治体を実現する際の選挙などで、リトマス試験紙の役割を果たすと期待される。

◆参考資料　（※太字は筆者による）

1．河野内閣官房長官談話（一九九三年八月四日）

……今次調査の結果、長期に、かつ広範な地域にわたって慰安所が設置され、数多くの慰安婦が存在したことが認められた。慰安所は、当時の軍当局の要請により設営されたものであり、慰安所の設置、管理及び慰安婦の移送については、旧日本軍が直接あるいは間接にこれに関与した。慰安婦の募集については、軍の要請を受けた業者が主としてこれに当たったが、その場合も、甘言、強圧による等、本人たちの意思に反して集められた事例が数多くあり、更に、官憲等が直接これに加担したこともあったことが明らかになった。また、慰安所における生活は、強制的な状況の下での痛ましいものであった。……いずれにしても、本件は、当時の軍の関与の下に、多数の女性の名誉と尊厳を深く傷つけた問題である。政府は、この機会に、改めて、その出身地のいかんを問わず、**いわゆる従軍慰安婦として数多の苦痛を経験され、心身にわたり癒しがたい傷を負われたすべての方々に心からお詫びと反省の気持ちを申し上げる。**……**われわれはこのような歴史の真実を回避することなく、むしろこれを歴史の教訓として直視していきたい。われわれは、歴史研究、歴史教育を通じて、このような問題を永く記憶にとどめ、同じ過ちを決して繰り返さないという固い決意を改めて表明する。**……（以下、略）

2．戦後五〇周年の記念日に（村山談話）（一九九五年八月一五日）

いま、戦後五〇周年の節目に当たり、われわれが銘記すべきことは、来し方を訪ねて歴史の教訓に学び、未来を望んで、人類社会の平和と繁栄への道を誤らないことであります。

わが国は、遠くない過去の一時期、国策を誤り、戦争への道を歩んで国民を存亡の危機に陥れ、植民地支配と侵略によって、多くの国々、とりわけアジア諸国の人々に対して多大の損害と苦痛を与えました。私は……疑うべくもないこの歴史の事実を謙虚に受け止め、ここにあらためて痛切な反省の意を表し、心からのお詫びの気持ちを表明いたします。また、この歴史がもたらした内外すべての犠牲者に深い哀悼の念を捧げます。

敗戦の日から五〇周年を迎えた今日、わが国は、深い反省に立ち、独善的なナショナリズムを排し、責任ある国際社会の一員として国際協調を促進し、それを通じて、平和の理念と民主主義とを押し広めていかなければなりません。同時に、……核兵器の究極の廃絶を目指し、核不拡散体制の強化など、国際的な軍縮を積極的に推進していくことが肝要であります。……　この記念すべき時に当たり、信義を施政の根幹とすることを内外に表明し、私の誓いの言葉といたします。……（以下、略）

3．日韓基本条約（一九六五年六月二二日）

（第1条）
両締約国間に外交及び領事関係が開設される。両締約国は、大使の資格を有する外交使節を遅滞なく交換するものとする。また、両締約国は両国政府により合意される場所に領事館を設置する。

（第2条）
一九一〇年八月二二日以前に大日本帝国と大韓帝国との間で締結されたすべての条約及び協定は、**もはや無効である**ことが確認される。

（第3条）
大韓民国政府は、国際連合総会決議195号（Ⅲ）に明らかにされているとおりの朝鮮にある唯一の合法的な政府であることが確認される。……（以下、略）

一九六五年六月二二日に東京で、ひとしく正文である日本語、韓国語および英語により本書2通を作成した。解釈に相違がある場合には、英語の本文による。……（以下、略）

4．日韓共同宣言――二一世紀に向けた新たな日韓パートナーシップ（一九九八年一〇月八日）

1．……両首脳は、一九六五年国交正常化以来築かれてきた両国間の緊密な友好協力関係をより高い次元に発展させ、二一世紀に向けた新たな日韓パートナーシップを構築するとの共通の決意を宣言した。

2．両首脳は、日韓両国が二一世紀の確固たる善隣友好協力関係を構築していくためには、両国が過去を直視し相互理解と信頼に基づいた関係を発展させていくことが重要であることにつき意見の一致をみた。

小渕総理大臣は、今世紀の日韓両国関係を回顧し、我が国が過去の一時期韓国国民に対し植民地支配により多大の損害と苦痛を与えたという歴史的事実を謙虚に受けとめ、これに対し、痛切な反省と心からのお詫びを述べた。

金大中大統領は、かかる小渕総理大臣の歴史認識の表明を真摯に受けとめ、これを評価すると同時に、両国が過去の不幸な歴史を乗り越えて和解と善隣友好協力に基づいた未来志向的な関係を発展させるためにお互いに努力することが時代の要請である旨表明した。……また、両首脳は、両国国民、特に若い世代が歴史への認識を深めることが重要であることについて見解を共有し、そのために多くの関心と努力が払われる必要がある旨強調した。……（以下、略）

5．南北共同宣言（二〇〇〇年六月一五日）

……南北首脳は、分断の歴史上初めて開いた今回の対面と会談が、お互いの理解を増進させ、南北間関係を発展させて、平和統一を実現させる重大な意義をもつと評価し、次のように宣言する。

1．南北は国の統一問題を、その主人であるわが民族同士が互いに力を合わせて自主的に解決していくことにした。

2．南北は国の統一のため、南側の連合制案と北側の低い段階の連邦制案に共通性があると認め、今後その方向で統一を志向していくことにした。

3．南北は今年八月一五日に際して離散家族、親戚訪問団を交換し、非転向長期囚問題を解決するなど、人道的問題を早急に解決していくことにした。

4．南北は経済協力を通じて民族経済を均衡的に発展させ、社会、文化、体育、保健、環境などあらゆる分野での協力と交流を活性化させ、双方の信頼を固めていくことにした。……（以下、略）

6．日朝平壌宣言（二〇〇二年九月一七日）

両首脳は、日朝間の不幸な過去を清算し、懸案事項を解決し、実りある政治、経済、文化的関係を樹立することが、双方の基本利益に合致するとともに、地域の平和と安定に大きく寄与するものとなるとの共通の認識を確認した。

1．双方は、この宣言に示された精神及び基本原則に従い、国交正常化を早期に実現させるため、あらゆる努力を傾注することとし、そのために二〇〇二年一〇月中に日朝国交正常化交渉を再開することとした。……

2．**日本側は、過去の植民地支配によって、朝鮮の人々に多大の損害と苦痛を与えたという歴史の事実を謙虚に受け止め、痛切な反省と心からのお詫びの気持ちを表明した。**双方は、日本側が朝鮮民主主義人民共和国側に対して、国交正常化の後、双方が適切と考える期間にわたり、無償資金協力、低金利の長期借款供与及び国際機関を通じた人道主義的支援等の経済協力を実施し、……国交正常化交渉において、経済協力の具体的な規模と内容を誠実に協議する……

4．**双方は、北東アジア地域の平和と安定を維持、強化するため、互いに協力していくことを確認した。**……双方は、朝鮮半島の核問題の包括的な解決のため、……核問題及びミサイル問題を含む安全保障上の諸問題に関し、関係諸国間の対話を促進し、問題解決を図ることの必要性を確認した。……（以下、略）

7. 南北10・4宣言（二〇〇七年一〇月四日）

……双方は、わが民族同士の意志と力を合わせれば、民族繁栄の時代、自主統一の新しい時代を開くことができるという確信を表明しながら、六・一五共同宣言に基づいて南北関係を拡大、発展させていくために次のように宣言する。

1. 南北は六・一五共同宣言を固く守り、積極的に具現していく。

……

2. **南北は思想と制度の違いを乗り越え、南北関係を相互尊重と信頼の関係に確固として転換させていく**ことにした。南北はともに内部問題に干渉せず、南北関係に関する問題は和解と協力、統一の精神に符合する方向で解決していくことにした。……

3. 南北は軍事的敵対関係を終息させ、朝鮮半島での緊張緩和と平和を保障するために、緊密に協力していくことにした。……

4. **南北は現在の停戦体制を終息させ、恒久的な平和体制構築に向かっていくべきだという認識で一致し、**直接関連した三者または四者の首脳が………**終戦を宣言することを推進するために協力していく**ことにした。……

5. 南北は民族経済の均衡的発展と共同繁栄のために、経済協力事業を共利共栄と有無相通の原則に基づいて積極的に活性化し、持続的に拡大発展させていくことにした。……（以下、略）

8. 南北平壌共同宣言（二〇一八年九月一九日）

……両首脳は民族自主と民族自決の原則を再確認し、確固たる平和と共同繁栄のために一貫して持続的に発展させることとし、現在の南北関係の発展を統一につなげるように望む、全同胞の志向と希望を政策的に実現するために努めていくことにした。……

（以下、大項目のみ）

1. **南北は非武装地帯をはじめ対峙地域での軍事的な敵対関係の終息を、朝鮮半島全域での実質的な戦争の危険を除去し、根本的な敵対関係の解消につなげる**ことにした。…

2. 南北は相互互恵と共利共栄の土台の上に交流と協力をより増大させ、民族経済を均衡的に発展させるための実質的な対策を講じることにした。……

3. 南北は離散家族問題を根本的に解決するために人道的協力を強化する…

4. 南北は和解と団合の雰囲気を高め、わが民族の気概を内外に誇示するために多様な分野の協力と交流を積極的に推進することにした。……

5. **南北は朝鮮半島を核兵器と核脅威のない平和の基盤として築きあげるべきであり、**これに必要な実質的な進展を早急に達成すべきだという認識を共有した。…（以下、略）

あとがき

サブタイトルに掲げた「朝鮮停戦体制」とは、耳慣れない言葉かもしれない。朝鮮停戦協定の締結から七〇年、日本人もコリアンも大多数の人が生涯の大半を「朝鮮停戦体制」の枠内で生きてきた。だが、そのことの意味を深く考える機会もなく、無意識のまま空気を吸うようにして生きてきた。在韓生活が長かった私も、何となくその雰囲気を感じてはいたが、言葉でうまく表現できなかった。

本書の編集を始めた頃にウクライナ戦争が始まり、一年が過ぎた今春ようやく「停戦」を求める声が日本でも広がり始めている。一方、今年七〇年を迎える朝鮮戦争の停戦協定への関心はごく一部に留まっており、昨年「台湾有事」が語られた時も朝鮮半島情勢への関心はまだ相対的に低かった。しかし今年三月以降、「徴用工」問題で対立していた日韓関係が急速に接近し、米・日・韓の三国連携が強まるとともに、朝鮮のミサイル発射によりJアラートが発動される可能性が高まっている。これは何を意味し、どう考えたらいいのか。こうしてたどり着いた認識が「朝鮮停戦体制」であった。確かにこの言葉には、ベトナム反戦運動を通じて変わり始めた私と、韓国市民との出会いが凝縮されている。

今年五・一八に大学入試に落ちた夢を見た。もう四五年前の話だ。その五年前に大学を中退し、連れあいと肉体労働系の仕事をしながら臨んだ入試、最初から落ちる覚悟だった。夢の中ではそこで絶望したが、現実には英語嫌いでも二期校の外大朝鮮語科にパスした。そして、生涯で一度殴られた理系の父に「哲学を勉強しろ」と励まされ、好きな歴史学の道を歩き出した。翌年、文学好きの連れあいも加わり、釜山からソウルを旅して二人での韓国留学を夢みた。だが、「八〇年五月光州」のテレビ映像をくぎ付けになって見ながら二人で落胆した。それでも彼女は一度あきらめた留学を五年後に実現させ、さらに五年後に私の職場を手配してくれた。その光州・朝鮮大学で日本語を教えて三カ月目、「灯火管制下の防空演習」を初めて体験した。二階建て長屋の屋上で、激しいサイレンとともにサーチライトが夜空を駆けめぐる光景を味わった。思えば、それが「朝鮮停戦体制」を感知した私自身の初体験であり、その体験を思い起こすことで自分の人生を規定してきた社会体制の実相をたぐり寄せることができた。この一語にたどり着くまでに、何と三三年もかかったことになる。

ところで、本書の出版を本格化させた契機は、昨年参院選時の突発事態から「国葬」までの三カ月間、安倍元首相と統一教会の関係が連日報道され、まるで大震災のような激震が日本社会を直撃した事態だった。彼らの緊密な関係についてはかなり知っていたが、洪水のようにあふれ出た様々な事実を振り返れば、二一世紀初頭の二〇年間、日本を差配してきた安倍・改憲派の実像が暴露されたことを痛感した。ただ、それから七カ月後に東京地裁で「国葬反対」訴訟の初公判が開かれた当日、これを報じたマスコミは皆無だった。そこで、アベ国葬の模様を伝える「東京新聞」(二〇二二年一〇月八日付)の記事を思い起こし、あらためて読み返してみた。見出しには「復古調国葬、今後も実施?」、「戦前回帰を前面」、「自衛隊大量動員」と並び、本文では「国会ではなく防衛省を経由」で式場に入って陸自中央音楽隊が軍歌「国の鎮め」と「悠遠なる皇御国」を演奏したと続く。この国葬の前後、統一教会シンパである細田衆院議長の「安倍さんと統一教会の関係は大昔から」という証言があり、岸信介元首相以来三代にわたって約六〇年続く統一教会との緊密な関係が暴露された後にもかかわらず……。

一方韓国では、安倍政権と「慰安婦」問題で合意した従米・分断派が翌秋からのキャンドル革命で没落した過程が思い出される。もっとも、彼らもまた昨春の尹錫悦政権で復権し、今は元通りの生活を謳歌しているに違いない。それでも、こうした「政権交代」を繰り返す韓国と自民党長期政権の日本、この対比を踏まえて今後の展望を模索したい、そこに本書を出版する意義を求めた。この一年間、できるだけ内容豊かな『現代日韓60年史』を編集しながら、わかりやすく説明しようと努めた。その結果、私自身も日本と韓国の現代史を整理しながら、様々な出来事を見直す機会となった。その成果がどの程度かは、読者の方々のご判断に委ねるしかないが、時代区分と時期区分にあたり、独創性をかなり加味した点には私なりの自負とともに、厳しいご批判を覚悟している。

編集が最終段階を迎える頃、済州島四・三事件七五周年犠牲者追悼の集会で、民衆フォーク歌手アン・チファンのコンサートを聞いた。二三年前の記憶がよみがえる。当時は六・一五南北首脳会談の直後で、私が勤務していた釜山大学の野外運動場で万を超える人々が集まっていた。アンは当時と変わらない溌剌たる美声で日本の聴衆に呼びかける。一部で合唱団も加わって日本では珍しい盛り上がりだったが、野外コンサートとの熱気の違いはやはり日韓の温度差を感じさせる。ただ、この二三年間真相究明に向けて運動の進展がめざましい四・三闘争の場合も、かつて済州島では集会が開けなかった時代に東京と大阪から四・三闘争への連帯運動が始まった。それを鑑にして、「朝鮮停戦体制」を終戦・平和へと進展させる「朝鮮半島平和法案」（終戦宣言と平和協定の締結に絞り、米議会に上程されている法案）を検討しながら、日韓市民の「平和大連合」を少しずつでも形成していければと思う。

末筆にあたり、日本に戻って二〇年余り、曲がりなりにも翻訳家の仕事を続けながら、市民運動と歴史研究を続けることができたのも様々な方々の激励と支援のおかげだったと深く感謝している。特に、翻訳では白楽晴さん、市民運動では内海愛子さんらの碩学とともに、その縁をつくってくれた連れあいの青柳優子、今は亡き在韓原爆被害者二世の金亨律さんに本書を捧げる。また、今回の出版にあたっては編集段階でアドバイスしていただいた、アジェンダ・プロジェクトの谷野隆さんに心から感謝の意を表したい。そして、自らに課した「街角の×××」という夢に向けて大きく前進したことを自己申告したいと思う。

二〇二三年六月一〇日　　六月民主抗争三六周年に

東京の陋屋にて　　青柳　純一

青柳 純一（あおやぎ・じゅんいち）

1949 年東京生まれ。東北大・大阪外大・大阪教育大で学び、高校・大学講師を経て、1990 年より韓国の光州・釜山・全州の大学で 14 年間の教員生活。帰国後は、翻訳家として盧武鉉大統領と白楽晴教授の著作を翻訳し、紹介する。訳書は 20 冊程度。
主な著書は、『韓国民主化 100 年史』（新幹社、2019 年）『被ばく者差別をこえて生きる』（三一書房、2014 年）。監訳書に『百年の変革　三・一運動からキャンドル革命まで』（白永瑞編　法政大学出版局　2021 年）など。なお、季刊雑誌『アジェンダ　未来への課題』には「韓国市民社会と学びあう日本市民」を連載中。

現代日韓 60 年史

――朝鮮停戦体制を終戦・平和へ

2023 年 7 月 27 日　　第 1 版第 1 刷発行

著者　青柳純一

発行　アジェンダ・プロジェクト

〒601-8022　京都市南区東九条北松ノ木町 37 - 7

TEL・FAX 075-822-5035　　E-mail　agenda@tc4.so-net.ne.jp

URL　https://agenda-project.com/　　振替　00980-4-243840

発売　星雲社（共同出版社・流通責任出版社）

〒112-0005 東京都文京区水道 1-3-30

TEL 03-3868-3275　　FAX 03-3868-6588

印刷　㈱コミュニティ洛南　〒601-8449　京都市南区西九条大国町 26

ISBN978-4-434-32279-2